Sete prazeres

Willard Spiegelman

Sete prazeres

A felicidade está ao seu alcance

Tradução
Lourdes Sette

BestSeller

CIP-BRASIL. CATALOGAÇÃO-NA-FONTE
SINDICATO NACIONAL DOS EDITORES DE LIVROS, RJ.

S734s Spiegelman, Willard
Sete prazeres: ensaios sobre a felicidade comum / Willard Spiegelman; tradução: Lourdes Sette. - Rio de Janeiro: Best*Seller*, 2010.

Tradução de: Seven pleasures
ISBN 978-85-7684-443-3

1. Felicidade. 2. Prazer. 3. Solidão. I. Título. II. Título: Ensaios sobre a felicidade comum.

10-1980 CDD: 158
CDU: 159.947

Texto revisado segundo o novo Acordo Ortográfico da Língua Portuguesa.

Título original norte-americano
SEVEN PLEASURES

Capa: Marianne Lépine
Editoração eletrônica: Abreu's System

Impresso no Brasil

ISBN 978-85-7684-443-3

Alguns desses ensaios apareceram, pela primeira vez, em um formato ligeiramente diferente, em *The Yale Review* ("Dancing"), *In Character* ("Walking") e *The American Scholar* ("Swimming").

Agradecemos profundamente pela permissão para reimprimir trechos do seguinte material previamente publicado:

Trecho de "Filling Station", de Elizabeth Bishop, reimpresso com a permissão de Farrar, Straus and Giroux e do espólio de Elizabeth Bishop.

Recriação tipográfica da pintura de John Balessari *What Is Painting*, reproduzida com a permissão do artista.

Trecho de "Church Going", de Philip Larkin, reimpresso com a permissão da Marvell Press.

Trecho de "The Doodler", de James Merrill, reimpresso com a permissão da Alfred A. Knopf.

Trecho de "High Windows", de Philip Larkin, reimpresso com a permissão da Faber and Faber Limited.

À memória de Laurie Colwin (1944-1992)
Anatomista da alegria de viver

E à de meu pai, Jay Spiegelman (1916-2008),
de quem herdei a capacidade de ser feliz

Agradecimentos

Agradeço a Martha Kaplan, antigamente colega de ensino médio e hoje agente literária, por colocar este livro no mundo. Na Farrar, Straus and Giroux, Jonathan Galassi viu promessa suficiente em minha proposta para me dar sinal verde; ele me encorajou a cada passo do caminho. Seus assistentes na FSG, Jesse Coleman e Zachary Woolfe, me ajudaram imensamente. Devo um agradecimento especial a Kenneth Bleeth e Laura Furman, por seus conselhos, bom sènso e sugestões. Há alguns anos, Jeanne Haflinger e Olivia Nicholas me incentivaram a dançar; acho que elas contam como musas dançarinas.

Este livro abre com uma descrição de sua origem, no salão de dança e em uma conversa de avião. Escrevi a maior parte de suas páginas em lugares diferentes, em momentos diferentes, sob condições diferentes. O que considero como capítulos "ativos" — aqueles sobre o corpo — começaram como artigos de revista e foram expandidos para serem incluídos aqui. Sou grato a J. D. McClatchy, Mark Oppenheimer e Robert Wilson, por terem publicado versões anteriores desses ensaios sobre dançar, caminhar e nadar em *The Yale Review*, *In Character* e *The American Scholar*.

Juntei tudo em circunstâncias paradisíacas, ou pelo menos extremamente confortáveis. Passei o mês de setembro de 2007 na Villa dei Pini, uma dependência da Bogliasco Foundation, 8km a leste de Gênova na costa da Ligúria. Trabalhei num estúdio com vista para o Mediterrâneo, cujas ondas batiam nas rochas embaixo da floresta de pinheiros que me separava dele. Passei muito tempo olhando e devaneando. O som constante e tranquilizador do mar invariavelmente inspira um ritmo equivalente e subconsciente em qualquer escritor, pintor ou compositor que esteja trabalhando. Vivi lá na companhia de sete outros colegas e seus companheiros. Nós, hóspedes, comíamos juntos; conversávamos em várias línguas; desfrutávamos de uma cadência diária que oscilava entre a convivência e a privacidade. Passava a maior parte do dia sozinho. As refeições e saídas — algumas solitárias, outras acompanhadas — quebravam o contentamento da solidão entre quatro paredes.

Falando sobre isso com Karl e Kay Stead, os dois hóspedes mais sábios em Bogliasco, percebi uma verdade crucial sobre o Paraíso: embora saibamos que precisamos deixá-lo algum dia, não há razão para fazê-lo antes da hora. Por que apressar a expulsão? Por que não adiá-la? Disse aos Stead que sentia uma pontinha de dúvida ou culpa por não desejar explorar a costa, visitar outro vilarejo pitoresco da Riviera, escalar outro morro, ou olhar os barcos no porto de Portofino. Fizera tudo isso na juventude. Esse casal é mundano, viajado e inteligente. Eles concordaram comigo. Deveríamos gazetear e ir a um restaurante famoso? Por quê? É apenas uma refeição. Deveríamos caminhar pelas trilhas de Le Cinque Terre? Não. A vegetação e o terreno lembram os nossos, alguns quilômetros a oeste. Ficar aqui basta. Algo diferente não necessariamente constituiria algo novo. Certa vez, dr. Johnson admitiu que algumas coisas valem a pena ser vistas, mas continuou convencido de que não há nada a ser visto que valha o deslocamento. Eu podia fazer a mesma *passeggiata al mare* com uma hora de duração, a caminhada ao longo do muro do mar entre Bogliasco e Nervi, todos os dias, com a certeza de que a caminhada de hoje, assim como o mar que ouvimos, vemos e em que nadamos, era a mesma e diferente da de ontem.

Todos nós passamos o tempo contentes, fazendo o que mais gostamos de fazer. Nenhum integrante desse grupo de acadêmicos e artistas dançava, lamento dizer, mas todos os dias li, escrevi, caminhei, olhei e ouvi. Meus sentidos estavam em alerta, meu cérebro e corpo, ativos e reativos. Absorvi muito, pensei e escrevi sobre isso. O ritmo e a programação permitiram uma aplicação na vida real do epigrama sábio de Bacon previamente: "A leitura torna um homem completo; o debate, um homem pronto; e a escrita, um homem exato." Essa vida de lazer ativo era possível em grande medida porque as exigências banais da vida real — tarefas cotidianas, como cozinhar, limpar, obrigações domésticas e profissionais — haviam sido magicamente, embora temporariamente, removidas. Não tinha compromisso com nada além de mim mesmo. O tempo, não fazendo exigências, havia parado momentaneamente. Devo expressar minha imensa gratidão à Bogliasco Foundation e a seus funcionários sempre eficientes: Anna Maria Quaiat, Ivana Folle e Alessandra Natale.

Este livro — penso nele como meu livro de infinitivos — trata de sete atividades importantes que geram prazer. Todos podem fazer a própria lista de prazeres, itens favoritos, como bigodes em gatinhos, ou objetos, atividades e passatempos que provocam um sorriso, alegram o coração ou animam o espírito. Bertolt Brecht, que duvido que alguém considere o Oscar Hammerstein Jr. de sua época, compilou tal inventário de *Vergnügungen* (prazeres), que Lotte Lenya registrou em seu *Sprechstimme* rouco, aquela mistura de discurso e canção. Sua lista de 16 itens tem alguns elementos comuns com a minha: "o velho livro novamente encontrado", "chuveirada, natação", "música antiga", "escrever, plantar", "viajar", "cantar".

Omiti um infinitivo de prazer que existe implicitamente na maior parte destas páginas. Devia ter prestado mais atenção a ele. Além de ler, caminhar, olhar, dançar, ouvir, nadar e escrever, a atividade mais elementar da alegria de viver é sentar. "Todos os problemas da humanidade têm uma única causa, que é a incapacidade de se sentar quieto em uma sala" (Pascal, *Pensées*, II, 139). Essa frase resume tudo.

Sumário

Introdução: *Ser*

Este livro teve uma longa gestação. Ele começou com o foxtrote. O foxtrote não tem razão de ser. Não há por que dançá-lo a não ser por prazer, e o maior deles é a inutilidade premeditada. Uma noite, há vários anos, estava nos bastidores do Lincoln Center, em Manhattan, vendo os dançarinos em um evento de três semanas de duração chamado *A Midsummer Night Swing*. Eles sorriam; estavam se divertindo. Dei uma olhada e percebi que dançar pode fazer você feliz. Este livro é sobre a felicidade, sobre as atividades prazerosas que podemos fazer para promovê-la e aumentar a sensação de bem-estar geral, daquilo que chamamos alegria de viver.

Um segundo começo foi após um *tête-à-tête* entre duas pessoas que sabiam que nunca mais se veriam de novo. Conversas íntimas como essa ocorrem com frequência em bancos de bares, à noite, em lugares longínquos. A minha aconteceu no ano passado, enquanto viajava. Eu acabara de me sentar no avião e afivelar o cinto de segurança quando uma mulher atraente — 40 e poucos anos, bem-penteada, bem-vestida, de saltos altos e usando boas joias — sentou-se ao meu lado. Após a decolagem, trocamos amenidades: "Para onde você está indo?", "O que você faz?", esse tipo de pergunta. Em um dado momento, senti que o diálogo se dirigia para um tópico sempre desconfortável para um judeu agnóstico e secular irredutível como eu, mas, visto que minha agradável companheira não parecia uma típica evangélica proselitista, resolvi prosseguir com a conversa. Ela perguntou sobre minha vida "espiritual", um convite cifrado, porém claro, para falarmos de religião e salvação. Disse-lhe, educada e firmemente, o que pensava. Então, ela contou que encontrara conforto, e muito mais, em Cristo e em Sua Igreja durante um período de dor e aflição especialmente torturante em sua vida. Se aquilo significava morte, doença, divórcio ou uma noite sombria da alma, ela não revelou. Em seguida, perguntou: "Qual o acontecimento mais horrível que você já viveu?"

Raramente fico sem palavras, mas fiz uma pausa. Então, disse: "Nunca me aconteceu nada horrível na vida."

Em iídiche, dizemos que um comentário como esse merece uma *kine hora*, uma praga reversa apotropaica: "Nada de mau-olhado." Diga que algo maravilhoso acontecerá e pode ter certeza de que não acontecerá. Pior ainda: falar com segurança, e até mesmo com entusiasmo, é quase o mesmo que gabar-se, e isso sempre atrai imediatamente um desastre. Toda cultura insiste que é preciso fazer algo — cuspir, jogar sal por cima do ombro, bater na madeira — para espantar o mau-olhado. O orgulho precede a queda. "Nunca me aconteceu nada horrível na vida." Aí está. Agora está impresso, e nenhum raio me atingiu — ainda. Decepções corriqueiras ocorrem, tristeza, preocupações com pessoas amadas, momentos de incerteza e angústia, mas nada sério, profundo ou duradouro.

"O sofrimento", disse Wordsworth, "é permanente, obscuro e negro,/ e compartilha da natureza do infinito." Nunca sofri perdas grandes. Tenho boa saúde. Não sofri nenhuma tragédia nem passei por fases negras crônicas, apenas por tons mais modestos de cinza. Todos têm o que chamo de vida fantasmagórica: prêmios não ganhos, empregos não conseguidos, amores não retribuídos. E daí? Se você perder um ônibus, pode pegar o próximo. Não devemos lamentar demais as decepções corriqueiras da vida, mas devemos celebrar — moderadamente, não convencida ou alucinadamente — seus prazeres comuns. Se tivermos sorte, eles bastarão.

Certa vez, uma velha amiga me fez a mesma pergunta formulada por minha companheira de viagem de avião.

— Alguma vez você já ficou deprimido?

— Já fiquei triste, acho, mas nunca por muito tempo. O que você chama de depressão? — retruquei.

— Acordar em lágrimas todas as manhãs, incapaz de sair da cama.

— Não, nunca fiquei deprimido. — E duvido que tenha me enganado.

Como sou uma pessoa literária por inclinação e profissão, frequentemente penso — como farei nestas páginas — em termos literários, com ecos literários em meus ouvidos, nunca longe de meus pensamentos. Lembrei-me de Paul Ivory, um personagem de *The Transit of Venus*, escrito por Shirley Hazzard, que diz: "Nunca sofri muito... Se você conseguiu chegar aos 50 anos sem passar por uma catástrofe, você venceu. Escapou ileso." "Escapou ileso" implica que você cometeu um delito grave, que sua felicidade passou a perna no destino comum, que você deu a volta nele. A vida me sorriu. Escapei ileso. Tenho tido sorte, ou talvez ela tenha me acompanhado.

Há quatro anos, almocei em um bar para executivos no centro de Londres com um colega de faculdade, um jornalista casado com uma irlandesa e residente de longa data nas Ilhas Britânicas. Banqueiros bem-nutridos, vestindo ternos de risca de giz caros e feitos sob medida me cercavam por todos os lados. Acabáramos de completar 60 anos.

— Peter — perguntei —, se você morresse amanhã, seria capaz de dizer que teve uma vida feliz?

— Sim — respondeu ele. — E você?

— Sim — devolvi, agradecido. — É por isso que não quero morrer amanhã. — Uma década antes, uma semana após completar 50 anos, afundei em uma minidepressão momentânea nada característica, não uma crise existencial profunda ou uma noite sombria da alma, apenas uma tarde sombria de visão nebulosa. Lá fora, era janeiro, estava cinzento, gélido e úmido. Por dentro, eu me perguntava o que a vida significava. E então descobri: percebi que, quando se chega aos 50 anos, a vida já passou da metade, o que não é necessariamente verdade aos 40. E, portanto, após os 50, não se deve fazer mais nada que não se queira fazer, a menos que seja absolutamente necessário. O homem feliz se torna uma versão mais animada de Bartleby, o escrivão, do livro de Melville. "Você pode vir jantar na próxima semana?" "Desculpe, mas não será possível." "Você pode fazer parte da comissão para mudar o calendário da universidade?" "Desculpe, mas prefiro não participar." Não é preciso elaborar qualquer defesa, explicação ou apologia adicional. Que alívio! O prazer começa a vencer o dever. Voltaire disse que "a busca do prazer deve ser o objetivo de toda pessoa racional", e se você acrescentar maturidade à racionalidade como um fator a ser levado em consideração, então após os 50 anos é prazer o tempo inteiro.

* * *

Tive uma infância feliz. Fui uma criança sonhadora, distante, aérea, *dégagé* e, quando adolescente, um pouco carrancudo. Nunca fui violento ou agressivo. Preferia o sarcasmo, o pequeno comentário maldoso, a porta batida com força de vez em quando e o recolhimento para a toca do meu quarto: esse foi o tamanho da minha rebelião adolescente. Nada de turbulências. Fumei cigarros. Nunca pensei em desobedecer meus pais ou fugir de casa. Fui um menino de subúrbio bom e relativamente normal, descobrindo os fatos da vida com alguma ajuda dos amigos e desfrutando dos prazeres da leitura, da escrita e da escola, o único lugar (em contraste com as quadras esportivas ou a maioria dos lugares no mundo externo) onde me sentia genuinamente confortável. "Tão seguro quanto uma biblioteca, tão seguro quanto uma sala de aula", e não "tão seguro quanto o lar", esse poderia ter sido meu lema. E os professores eram — embora não divindades — meus modelos. Meus pais não eram suficientemente intelectuais ou cultos para mim: essa era a queixa que eu tinha deles. Depois que saí de casa, pelo mundo, para conhecê-lo um pouco, percebi que nada tinha a reclamar. Tinha tudo que precisava.

O lar é onde começa a segurança, e esta leva à complacência. A complacência pode promover a felicidade ou, pelo menos, a ilusão dela. A vida na década de 1950, a qual os historiadores culturais com frequência chamam de década do conformismo, teve, ao menos, um fator positivo. A despeito do tumulto cultural que fervilhava e que estava prestes a irromper em revolta política e social, protestos, assassinatos e guerra, os Estados Unidos permaneceram calmos por um breve momento. Chame-o de o momento dos subúrbios. E nós, os filhos da "Melhor das Gerações", crescemos lá. Participamos da última florescência da verdadeira cultura de classe média. A suposta monotonia dos subúrbios tinha várias vantagens, e uma delas era — da perspectiva infantil — a falta de algo para invejar. Alguns de meus amigos viviam em casas maiores e seus pais dirigiam carros mais vistosos. Algumas pessoas tiravam férias intensas. As sofisticadas (não muitas) iam para a Europa. As mães — poucas delas tinham empregos — deixavam as portas dos fundos destrancadas; na minha vizinhança de dois quarteirões com 36 casas idênticas, da época pré-guerra, as crianças andavam por toda a parte como se estivessem se preparando para viver em dormitórios universitários, uma década mais tarde.

O quinquagésimo aniversário das publicações de *On the Road* e de *Howl* em 2006-2007 nos faz lembrar da atração eterna da rebelião contra a norma, do protesto contra a conformidade, da fuga para o território da estrada aberta. Cada capítulo da história americana, de *As aventuras de Huckleberry Finn* a *Thelma e Louise*, tem sua versão da viagem pelas estradas, o impulso de fugir. O quinquagésimo aniversário de *Peyton Place* passou quase despercebido, em parte porque a reputação literária do livro não se manteve positiva e também porque suas revelações escandalosas parecem muito menos picantes na época de *Melrose Place* e *Desperate Housewives*. A maioria de nós levava a vida entre os dois polos gêmeos de fuga e confinamento, em algum lugar entre o desejo de se libertar e a intolerável excitação nervosa para se envolver em travessuras dentro de casa.

Em meu grupo de amigos adolescentes, ninguém ficava bêbado, muito menos usava drogas. Os adultos aproveitavam os coquetéis e socializavam e, embora alguns deles — descobrimos quando chegamos à universidade — tivessem problemas sérios com álcool, nunca percebi nenhum comportamento errado. Tive uma amiga cujos pais se divorciaram; ela vivia sozinha com a mãe em um apartamento. Todos nós nos solidarizávamos tacitamente com ela, embora ela não parecesse ter pena de si mesma. Todos os outros tinham um pai e uma mãe, irmãos e uma casa com jardim na frente e atrás. Desnecessário dizer que eu não tinha a menor ideia das feridas que poderiam estar infeccionando por baixo do verniz plácido das superfícies domésticas. Mais tarde, descobrimos que dois de nossos vizinhos trocavam de parceiros entre si e, no final da década de 1960, alguns casamentos começaram a desmoronar ou, pelo menos, a se rearranjar. Porém, na década de 1950, todos pareciam levar uma vida trivial.

Quando eu estava no ensino médio, nosso grupo fez o jogo da verdade: Você prefereria ser feliz ou inteligente? Nunca nos perguntamos, no entanto, por que uma condição deveria excluir a outra. A implicação tácita era que elas se excluíam; os adolescentes tendem a se entregar totalmente às angústias suburbanas. Achávamos a felicidade supervalorizada e, pior ainda, desprovida de qualquer sentido. "Pensar é se encher de aflição/E se desesperar intensamente", escreveu Keats em "Ode to a Nightingale". Entendíamos isso perfeitamente. Queríamos a genialidade. Nervosos, supervalorizávamos nossa autoconsciência; gostávamos de pensar. Pensávamos muito, a maioria das vezes sobre nós mesmos e nossos pensamentos. Líamos Freud e falávamos sobre sexo. Falar: foi o mais longe que a maioria de nós chegou, apesar de toda a nossa sofisticação livresca. No ensino médio, fui apresentado a um grupo de adolescentes bem-comportados e frequentadores da igreja cristã americana, vindos de Abilene, no Texas. Eles iam à igreja todas as manhãs de domingo. Passavam todo sábado à noite no celeiro fazendo aquilo que era natural. Aos 18 anos, algumas meninas já estavam grávidas, e todos se preparavam para casar.

Esse não era o nosso destino, filhos de profissionais da classe média judaica. Não éramos atormentados; apenas adolescentes. Não nos comportávamos mal. Minha amiga no ensino médio, a falecida romancista Laurie Colwin, outra anatomista da alegria de viver, comentou certa vez: "Mostre-me um adolescente feliz e eu lhe mostrarei um psicopata." Colwin estava exagerando, claro, no seu pronunciamento. Todos os escritores exageram. As pessoas que cometem crimes hediondos quando adolescentes ou adultos não são ou foram crianças de uma infelicidade normal, mas criminosos psicóticos em processo de formação. Nós, em comparação, éramos *beatniks* infantis, vestidos de preto e fazendo caras feias, fingindo sermos mal-entendidos por aqueles otários burgueses, nossos pais. Em outras palavras, estávamos dentro dos padrões.

Quatro anos de faculdade abriram meus olhos para as pessoas com formações, classes sociais e religiões diferentes. Em grande parte, esses anos serviram para aprofundar meus hábitos adolescentes e solidificar o que eu já era. Chamamos a universidade de nossa *alma mater* porque ela nos nutre. Depois, veio o curso de pós-graduação e, aos 26 anos, um exílio para algum lugar longínquo e o começo da vida profissional. Décadas mais tarde, participei da reunião comemorativa do vigésimo quinto aniversário de minha formatura. Esse evento marcou a primeira vez em que fiz algo no Departamento de Nostalgia Organizada. Sem nunca desejar olhar para trás, tinha pouca inclinação para me deixar levar por puro sentimentalismo, mas tinha uma curiosidade legítima e modesta sobre várias centenas de colegas, muitos dos quais decidiram comparecer. Tivemos um fim de semana agradável, no clima maravilhoso da Nova Inglaterra, e a frustração gratificante oriunda de encerrar uma conversa antes de ela se prolongar demais.

Após a reunião, almocei com um colega. Sua experiência do fim de semana diferia da minha e o intimidava. Como produtor de cinema extremamente independente e liberal, ele achava que nossos colegas avaliavam todo mundo apenas segundo padrões monetários e se sentia menos bem-sucedido. No entanto, lembrei a ele: todos nós completamos 18 anos na mesma época. Vimos esses homens, quando jovens, vomitando pela janela dos dormitórios, comportando-se mal e fazendo papel de bobos. Agora, um deles é gerente de um fundo de ações, enquanto outro apara cercas no interior do Alabama. E daí? Assim é a vida. Esses eram fatos, não juízos. O plutocrata é necessariamente mais feliz ou mais bem-sucedido do que um operário? Claro que não. "Considerado mais doce/por aqueles que nunca foram bem-sucedidos" (Emily Dickinson), o sucesso é a deusa meretriz americana que vive incitando-nos à inveja, um dos sete pecados capitais. Devíamos, lembrei a meu colega, invejar não os ricos, mas os satisfeitos.

Pergunto-me se os quatro humores da Idade Média não nos oferecem uma forma tão persuasiva de entender a psicologia humana quanto algo mais complexo, freudiano ou moderno. O sangue está para a vida e para a alegria de viver; a cólera para a raiva; a bile negra para a melancolia; a inércia para a indolência. Assim como ocorre com as virtudes básicas e os sete pecados capitais do catolicismo, os quais você pode observar em si mesmo, o mesmo vale para os quatro humores. É possível se avaliar de acordo com a forma e o lugar em que você se encaixa. Tive a sorte de vir de um conjunto de genes com alegria de viver, inculcados com uma dose modesta de fleuma. Para obter felicidade, assim como bem-estar físico, um bom conselho é escolher seus pais com cuidado. Comece com predisposição genética. Prossiga num ambiente doméstico estável. Mesmo que você não goste muito, contanto que haja comida suficiente e algo interessante com que se ocupar, você se dará bem. James Boswell reconta uma discussão com Samuel Johnson, um sujeito profundamente melancólico, sobre um "cavalheiro inventivo" anônimo que tinha "uma firmeza mental constante... após um dia de trabalho e, em meio a uma multiplicidade de preocupações e angústias, ele se sentava com as irmãs e se sentia muito alegre e bem-humorado. Tal disposição, foi observado, era uma dádiva afortunada da natureza". Igualmente abençoada com alegria, Jane Austen, contemporânea do dr. Johnson e ligeiramente mais jovem que ele, fornece em seu último romance, *Persuasão*, uma descrição memorável da sra. Smith, cuja situação econômica se tornara precária: "[...] havia aquela elasticidade de espírito, aquela disposição para se deixar confortar, o poder de transformar rapidamente o mal em bem, de encontrar ocupações que a distraíssem, que só podiam provir da natureza. Era o mais precioso dom do Céu."

"Hap" significa acaso*, e o presente mais casual da natureza é a própria felicidade. Chame-a de Natureza, Graça, Céu ou Destino Genético: a fonte conta menos do que o dom. Porém, mais do que um dom, a felicidade é também um hábito, algo que pode ser cultivado. A criação pode afetar a natureza. Aristóteles disse que somos o que fazemos, que a excelência é um hábito. Assim como a excelência, a justiça ou qualquer outra virtude aristotélica, e como a elasticidade mental, a felicidade pode ser obtida por meio da graça ou do nascimento, e também do treinamento. Ela se replica pela repetição. Em *On Beauty and Being Just*, Elaine Scarry diz que "a beleza dá vida a cópias de si mesma", de forma que o observador, apenas

* O autor faz um jogo de palavras com "hap" [acaso, em inglês arcaico] e as letras "hap" [as primeiras da palavra "happiness" ou felicidade]. (*N. do T.*)

olhando e se concentrando, pode prolongar o contato com a beleza e internalizá-la. É assim com a beleza e também com a felicidade. E, tendo em vista que a experiência da beleza frequentemente nos predispõe à felicidade, vários dos ensaios a seguir lidam com o campo da estética: as artes visuais e musicais, a dança e a leitura. O temperamento alegre; a natureza jovial; o que as pessoas alegres fazem, ou pelo menos o que eu faço; o que se pode fazer para produzir jovialidade — esses são os temas deste livro. Podemos praticar a felicidade, como também podemos nos fazer felizes.

A felicidade — um sentimento esquivo, um termo ambíguo — tem recebido menos respeito e atenção séria do que a melancolia, seu oposto tradicional. A famosa frase de abertura de *Ana Karenina*, de Tolstoi ("Todas as famílias felizes se parecem, cada família infeliz é infeliz à sua maneira"), se tornou um dizer epigramático. No entanto, suponha que esse não fosse — na verdade, suponha que esse não *seja* — o caso. Suponha que a alegria de viver, o mais desprezado dos quatro humores medievais, não seja apenas o mais invejável, mas também o mais rico, o mais variado, o mais complexo de todos. Suponha que cada pessoa feliz é feliz de maneira distinta. A melancolia (bile negra) teve seus anatomistas — filósofos, cientistas e médicos —, de Robert Burton, passando por Kierkegaard, até Freud. A cólera é a matéria-prima da maior parte dos dramas na vida e nos palcos. A inércia associou-se à indolência e ao torpor, à falta de energia. Como os dois outros estados de espírito soturnos, ela pode ser tratada pela farmacologia. Usamos a meditação, assim como a medicação e outras formas de autoajuda, para nos arrancar do desespero, para abordar o desequilíbrio químico e emocional. Entretanto, ninguém jamais busca corrigir uma abundância excessiva de alegria. Em vez disso, as pessoas simplesmente acreditam que a alegria de viver é, na melhor das hipóteses, uma sensação passageira, um objetivo inatingível, ou mais comumente, um sinal de repressão e negação: "Poliana não é feliz *de verdade*; ela simplesmente não tem consciência da profundidade de seu desespero." A depressão não causa necessariamente a emoção, nem seu oposto a diminui.

Ao contrário da minha companheira de voo, não encontrei salvação na religião e, diferentemente de minha outra amiga habitualmente deprimida que acordava em lágrimas, incapaz de sair da cama, não necessitei da psicofarmacologia. Os dois pilares da indústria da felicidade americana deixaram apenas um pequeno espaço no centro para aqueles de nós cujo otimismo e os meios de obtê-lo são puramente mundanos. Não nos voltamos nem para a religião nem para a química.

Tradicionalmente, os americanos consideram a felicidade um destino e um direito. Se somos infelizes, ou assim pensa a maioria, talvez a culpa seja nossa. E temos a obrigação e a oportunidade de remediar nosso destino infeliz. Em sua forma mais banal, a necessidade de felicidade e sua busca deram origem a dezenas de livros de autoajuda e de gurus de televisão que fazem seus convidados passarem por um curso intensivo de psicologia *light*. Em nível mais desesperador, a busca pela felicidade leva à equiparação da satisfação com a gratificação instantânea ou a riqueza, ou a conversões religiosas repentinas, a alegria de aceitar Jesus como o salvador pessoal. Tal é o legado daquilo que Harold Bloom chamou de Religião Americana, uma forma de protestantismo radical que existe desde o século XVIII.

A busca pela felicidade tem raízes profundas em, pelo menos, uma vertente do transcendentalismo da Nova Inglaterra, no otimismo sério de Thoreau, Emerson e Whitman, e na grandeza de espírito que associamos à Renascença americana.

Essas são as raízes cujo primeiro fruto moderno foram as palestras de 1901-02 de William James, publicadas sob o título de *Varieties of Religious Experience*, com seu reconhecimento da "religião para a saúde mental" como uma dessas variedades. James reconhece que, "em muitas pessoas" (e não apenas "naquelas que são naturalmente felizes"), "a felicidade é inata e irreclamável". Embasando suas afirmações na psicologia da religião, e não na felicidade secular, James previu o que se tornaria, nas mãos de Norman Vincent Peale e de outros descendentes famosos do século XX, o poder do pensamento positivo e da "cura pela mente" que varreu os Estados Unidos desde aquela época. Citando Whitman, James descreve "um temperamento organicamente repleto de alegria e fatalmente proibido de perder tempo com os aspectos mais soturnos do universo, como fazem aqueles de temperamento oposto". O riso, ele reconhece, assim como qualquer outro tipo de prazer, leva a uma existência feliz.

Para muitos europeus, a crença na felicidade facilmente obtida oferece a prova mais clara da ingenuidade americana, das tolices estéreis do Novo Mundo. Graham Greene, um homem que conhecia os prazeres simples e experimentou a euforia, não considerou qualquer dos dois como direitos inalienáveis, porque sua geração amadurecera durante a Primeira Guerra Mundial, evento que lhes ensinara que o sofrimento era constante, e as esperanças de felicidade, tolas: "Aponte um homem feliz, e eu apontarei vaidade, egoísmo ou maldade — ou ainda, ignorância absoluta." Em 1846, Flaubert nomeou em uma carta três pré-requisitos para a felicidade — "ser estúpido, egoísta e desfrutar de boa saúde" —, mas depois acrescentou: "Se falta estupidez, tudo está perdido." Como Greene, que considerava o ideal americano da busca da felicidade incluída na Constituição como uma mera desculpa para a ambição, a ganância e o materialismo, Thomas Hardy recusou um convite para visitar os Estados Unidos porque a política nacional de bom humor era contrária aos seus pontos de vista mais sombrios. Um amigo meu acadêmico discutia ofertas de emprego com seu orientador de tese, um escocês circunspecto e ilustre. Quando Carl conjecturou se um emprego em determinada universidade poderia lhe trazer felicidade, o orientador respondeu com pena e espanto: "Meu caro rapaz, quem alguma vez disse que a felicidade era uma possibilidade?" Assim se manifestou o Velho Mundo, quando confrontado com a ânsia thoreauviana do Novo. Sófocles conhecia a amarga verdade: "Nenhum homem é feliz até que morra."

Esta é uma distinção simples demais: o americano extraordinariamente obcecado por si mesmo, ávido por prazer, progresso, riqueza e bem-estar *versus* o ser sofisticado do Velho Mundo com uma filosofia trágica e comunitária testada nas chamas de séculos de guerra, privação e aflição. O mundo já viu europeus felizes e americanos melancólicos. Entre os poetas, que frequentemente são os mais sábios, John Milton atinge equilíbrio harmônico em seus poemas de juventude "L'Allegro" e "Il Penseroso", oferecendo duas imagens de tipos humanos, os animados e os contemplativos, os joviais e os melancólicos. Em sua busca pelo "júbilo que torna o coração mais leve" e por uma vida "isenta de prazeres não censurados", a personalidade Allegro inclui o amor pela paisagem, pela música e pela dança, pela sociabilidade em meio ao "burburinho atarefado dos homens". Seu rival e opositor prefere a contemplação e a solidão, um "lugar ermo e pacífico" no qual ele possa sentar "até que a velha experiência alcança/algo parecido com a tensão profética". Espero superar Milton e sugerir uma síntese entre o festeiro alegre e animado desse par e o contemplador aplicado encerrado no "claustro pálido". Ludwig Wittgenstein, filósofo de aspecto carrancudo e hábitos austeros, que aparentemente passou seus momentos mais felizes nas trincheiras da Primeira Guerra Mundial, disse surpreendentemente em seu leito de morte: "Diga-lhes que tive uma vida maravilhosa." Quem imaginaria que isso fosse possível?

Em "Resolution and Independence", seu poema escrito em 1802 sobre uma crise existencial e vocacional, Wordsworth reconta sua queda num momento depressivo apenas *por causa* de seu reconhecimento da felicidade constitucional:

IV

Mas, como às vezes acontece, da força
Da felicidade nas mentes que não mais conseguem ir,
Tão alto quanto alcançamos em êxtase
Igualmente afundamos em nossa melancolia;
A mim naquela manhã assim passou;
E muitos temores e fantasias a mim vieram;
Tristeza sombria — e pensamentos cegos, que desconhecia e era incapaz de identificar.

V

Ouvi a cotovia trinando no céu;
E pensei na lebre brincalhona:
Assim como o Filho feliz da terra que sou;
Assim como essas criaturas alegres eu ando;
Longe desse mundo eu caminho, e de todas as preocupações;
Porém, em outro dia a mim podem vir —
Solidão, dor profunda, angústia e pobreza.

VI

Passei a vida inteira em meio a pensamentos felizes,
Como se a essência da vida fosse um humor veranil;

Como se tudo que é necessário viesse sem esforço
Para aqueles com fé jovial, ricos em bem-estar jovial;
Mas como pode alguém esperar que os outros
Construam para ele, semeiem para ele, e de acordo com seu
comando
Amem-no, quando esse não preza a si mesmo?

Esse "Filho feliz da terra", que, na verdade, sofrera um colapso nervoso quando tinha 20 e poucos anos, sete antes de escrever esse poema, registra os perigos da própria consciência, sobretudo quando dirigida ao futuro ("outro dia"). Ele se preocupa com a dor do coração e com todos os choques naturais que a carne herda. A autoconfiança tem os próprios riscos. Porém, o poeta andarilho encontra o apanhador de sanguessugas, alguém numa situação bem pior do que a dele, e a materialização viva do título alegórico do poema. Esse lembrete visual da dor *genuína* arranca o falante ansioso de sua cegueira e de seus receios autoimpostos. A felicidade vence. Ela sempre vence — como Wordsworth reconhece em sua autobiografia épica, *The Prelude* — em alguém cujos primeiros anos lhe deram uma base a partir da qual construir uma personalidade. A mãe de Wordsworth morreu quando ele tinha 7 anos, e o pai, cinco anos mais tarde. No entanto, ele adquiriu cedo força suficiente para suportar os golpes e as perdas, os rompimentos e os colapsos que acabou sofrendo.

Desse lado do Oceano Atlântico, nem todos os norte-americanos mantêm a crença nacional compulsória no progresso, na necessidade do indivíduo e no direito constitucionalmente garantido de continuar a sorrir. A romancista Jean Stafford observou ironicamente: "As pessoas felizes não precisam se divertir." Ou considere a ex-Poeta Laureada, Lousie Glück, cujo trabalho, até muito recentemente, expressava ironia azeda e relutância em reconhecer a satisfação cotidiana. Ela diz que "vivemos numa cultura quase fascista no que se refere à obrigação de sermos otimistas". De manhã cedo nos Estados Unidos, uma pessoa deprimida, como Glück, soa como uma ducha de água fria. Mas Glück diz em outro ensaio: "A função de um ideal é nos encorajar a atingi-lo. Dessa maneira, a fantasia da bondade perfeita e sua busca inspiram atos individuais de bondade (também, possivelmente, atos violentos revoltosos, a rejeição raivosa ao padrão impossível)." Podemos ter um ideal de felicidade ao qual aspirar, da mesma forma como temos ideais de justiça, beleza, coragem e sobriedade?

Se você se considera alegre e intelectualmente sofisticado (feliz *e* inteligente), certamente tem uma avaliação ambígua da tendência recente em psicologia intitulada psicologia da felicidade. Trata-se de um movimento, se não exatamente de um modismo. Uma experiência clínica exigiu que algumas pessoas sorrissem e outras franzissem o cenho. Em seguida, os sujeitos foram solicitados a responder a perguntas sobre seus estados de espírito. Os que sorriram admitiram ter pensamentos positivos, e os que franziram o cenho, pensamentos negativos ou tristes. Outro estudo famoso, de uma ordem de freiras, demonstrou o efeito positivo de manter um diário — podemos chamar a isso "cura pela escrita" —, e há muito se sabe que a meditação aumenta as ondas gama, necessárias a percepção, consciência e todas as atividades superiores, no cérebro. O corpo tem inteligência própria, que pode influenciar e até mesmo superar a do cérebro. Todos que lidam regularmente com pessoas surdas reconhecerão como verdade que, quando é preciso levantar a voz, como, por exemplo, gritar com os pais surdos, embora você não esteja zangado, ao final da conversa estará fervendo de algo parecido com raiva.

A hostilidade não o faz gritar. É justamente o contrário: a necessidade de gritar aumenta sua irritabilidade. Quando o corpo mostra o caminho, o espírito segue.

Logo, por que não tentar sorrir e ver aonde isso o levará? A psicologia "positiva" soa boa demais, até mesmo insípida, para ser verdade ou crível. Acadêmicos seculares como eu mantêm uma suspeita em relação à felicidade obtida com muita facilidade. "Quando você sorri, o mundo inteiro sorri com você": as palavras alegres da antiga canção inspiram tanto um balanço rítmico quanto um tremor cético. Quando comecei a lecionar, sentia-me confuso com a transparência genuína de meus alunos imaturos. Ao redigir uma tarefa informal, muitos descreviam que "minha mãe" ou "meu pai" era "meu melhor amigo". Eu fazia uma careta. "Quem eles acham que são? Quem pensam estar enganando?", eu me perguntava, combinando suspiro e risadas. Eles estão escrevendo dessa forma para agradar o professor? Eles nunca ouviram falar de Freud? Eles não sabem que você odeia seus pais quando tem 18 anos e está em constante rivalidade com eles? No entanto, a resposta mais chocante me ocorreu: suponha que isso seja *verdade*! Suponhamos que eles realmente interagem de forma clara, descomplicada, até mesmo extremamente agradável, com mamãe e papai, que tenham crescido com Ward e June Cleaver, Jim e Margaret Anderson*, pais que sabiam de tudo? Ainda mais do que eu, eles pareciam ter vivido nos anos 1950. Quem anuviou o horizonte? Quem disse que o sofrimento era nosso destino? Esse é o legado de Freud?

Acredito, no entanto, que uma alegria de viver bem-embasada é uma possibilidade. Com algum esforço, é possível en-

* Casais de classe média arquetípicos dos programas de televisão *Leave it to Beaver* e *Papai sabe tudo*, dos anos 1950. (*N. do T.*)

contrar satisfação, felicidade, chame do que quiser, sem os consolos da religião e sem a ajuda da psicoterapia e da farmacologia. Em uma época secular, ou dentro de uma inclinação mundana, a alegria pode finalmente vencer os outros estados de espírito. Freud disse que, no fundo, tudo tinha relação com o amor e o trabalho. Neste livro, não trato de trabalho, no sentido de vocação, ou de amor, no sentido de Eros, reprodução, relacionamentos interpessoais. Se isso não está indo bem em sua vida, tudo o mais pode ser irrisório. No entanto, se o amor e o trabalho não estão prosperando, o foxtrote pode ser útil.

Se raramente é divertido estar triste, com frequência é divertido ver ou ler sobre a tristeza dos outros. Apreciamos uma boa choradeira. Parte de nosso prazer deriva do sadismo moderado e inevitável, o oposto da inveja. La Rochefoucauld disse: "*Dans l'adversité de nos meilleurs amis, nous trouvons toujours quelque chose qui ne nous déplaît pas.*" (Há sempre algo na desgraça de nossos melhores amigos que não nos dá desprazer.) A desgraça dos outros aumenta nossos sentimentos de bem-estar; enche-nos de alegria pelo infortúnio alheio: "Esse seria eu, não fosse a graça de Deus." Por outro lado, olhar, ler ou ouvir sobre a felicidade muitas vezes inspira inveja e tédio. Entretanto, em vez de se julgar superior aos que têm alegria de viver, ou tratá-los com desprezo maldisfarçado, proponho que possamos confiar neles e aprender com eles. Acreditar na possibilidade de mudança faz parte da natureza das pessoas alegres e otimistas. Para início de conversa, essa é uma maneira de nos tornarmos joviais.

Os ensaios a seguir exploram atividades que surgem da felicidade comum e levam a ela. De uma forma mais direta: coisas que *eu* faço não para buscar a gratificação simplória ou o êxtase transcendental. Quem tem um temperamento que demonstra alegria de viver pode adotá-las naturalmente. O melancólico pode adotá-las com certa resistência, mas depois reagir a elas com elevação emocional e corporal. Em *Ética a Nicômaco*, Aristóteles descreve a relação entre a abstração e suas manifestações humanas. Como alguém se torna justo? Realizando ações justas. Quem age com justiça? O homem com um sentimento de justiça. Considere o exercício físico. Ele produz endorfina; endorfinas tornam as pessoas felizes; pessoas felizes não matam maridos, de acordo com Elle Woods, a personagem de Reese Witherspoon em *Legalmente Loura*. Soa tolo, mas é verdade. Por meio da persistência e do hábito, assim como da sorte, pode-se aumentar o otimismo e até mesmo a alegria.

Os leitores descobrirão que este livro não é exatamente um texto biográfico, mas também não deixa de ser. Estou presente em todas as páginas, às vezes na primeira pessoa, outras vezes comentando e especulando, outras ainda me referindo a observações feitas por outras pessoas. Os ensaios individuais tomam como base a pressuposição de que partes de minha vida podem interessar a outras pessoas, que encontrarão nelas aspectos da própria existência. Prometo não apresentar fórmulas de bolo compostas de narrativas de autoajuda e experiências de conversão. Embora descreva a mim mesmo, escrevo sobre atividades que todos são capazes de realizar. Stendhal disse: "A beleza é uma promessa de felicidade." Para ele e para outros, essa promessa é concretizada na busca pela beleza. Ou, para citar outro romancista francês sobre como olhar para um quadro: "Os grandes pintores nos introduzem ao conhecimento e ao amor pelo mundo externo." (Proust, sobre Chardin.)

Em "Caminhar", "Nadar" e "Dançar", medito sobre os prazeres físicos que conectam o corpo à mente. Todos os ensaios lidam com a relação entre fazer e sentir, e o que Wordsworth, novamente, chama de "a troca dignificante/entre a ação de fora e a de dentro" por meio da qual nos ligamos ao mundo. A pessoa com alegria de viver extrai prazer do desempenho e da busca por essas atividades sem necessariamente se viciar nelas ou ficar obcecado por elas. O prazer existe em algum lugar entre a escolha e a obrigação: ele nos introduz ao tipo de conhecimento e amor que Proust atribui a Chardin, o mestre do cotidiano.

Da mesma forma que a ação física, a atenção (ouvir e olhar) e o envolvimento literário (ler e escrever) trazem prazer e conferem dignidade. Até mesmo o ato de escrever, assunto com o qual encerro, tem sido descrito, com frequência demasiada — como foram todas as iniciativas artísticas —, como o domínio da neurose ou da dor. Os casos de artistas longevos, como Shaw, Goethe e Hugo, provam que (de acordo com John Updike) "escrever pode ser uma atividade saudável, revigorante e sustentável — no caso de Shaw, com a ajuda de abstinência total, vegetarianismo e ciclismo —, ao longo de um tempo de vida rico". Além disso, meus assuntos são todos familiares. Tanto a criação quanto o prazer gerado pelas artes, assim como a perpetuação da felicidade, surgem da rotina normal. Abordo meus temas, como Michael Kimmelman diz de si mesmo na abertura de *The Accidental Masterpiece*, com o espírito de um amador entusiasmado, alguém cuja vida foi enriquecida pela arte. Acolho também o comentário de Giorgio Morandi, que afirma que "nada pode ser mais abstrato, mais irreal, do que aquilo que realmente vemos". Tudo se reduz à mente e ao corpo, ao relacionamento entre nossa compreensão somática, sensorial e estética do mundo e nosso pensamento sobre ele.

Este é também um livro sobre solidão. Tudo que escrevo, com exceção da dança, é mais bem realizado desacompanhado.

"Às vezes, a solidão é a melhor companhia", como diz Adão, embora com consequências perigosas, para Eva em *Paraíso perdido*. De forma memorável, Wordsworth define "o êxtase da solidão". Descobri em *Capricorn*, de Julia e Derek Parker, que "o gosto pela solidão é [uma] característica capricorniana". (Será que a astrologia me amaldiçoou por ter nascido no final de dezembro?) Ler e escrever, os capítulos inicial e final, são, em geral, considerados atos solitários, logo fico sobressaltado ao ver jovens com laptops escrevendo — se essa é a palavra certa — em cafeterias e outros espaços abertos. Ler e escrever deveriam ser, ou pelo menos costumavam ser, feitos em total isolamento. Gosto pela contemplação, pela meditação e por estar só com os próprios pensamentos é o pré-requisito principal para nadar e andar sozinho, assim como para ouvir música. Você pode falar com alguém em um museu de artes plásticas, envolver-se numa conversa enquanto reage a um quadro, mas não pode fazer isso numa sala de concertos sem interferir na própria música.

Em "Endymion", um de seus primeiros poemas, Keats pergunta: "Onde está a felicidade?" Ele propõe uma resposta: "Naquilo que chama/Nossas mentes dispostas para uma comunhão divina,/Uma comunhão com a essência; até que brilhamos,/plenamente alquímicos e livres do espaço." Quando nos fazemos felizes, por meio do amor ou da atividade artística, diz ele, somos magicamente aperfeiçoados e separados da mortalidade. Tornamo-nos luz pura. Atingimos versões mais elevadas e aperfeiçoadas de nós mesmos ao nos perdermos. Mas experimentar a arte, seja como espectador, seja como participante — lendo, escrevendo, ouvindo música, ou olhando quadros —, não o tornará uma pessoa melhor. Não faço reivindicações ingênuas sobre a eficácia moral da arte ou do prazer. O prazer não leva ao comportamento ético; a arte não torna alguém um cidadão mais responsável. Olhar para quadros aumenta a sensibilidade visual, ouvir música aumenta a sensibilidade auditiva. Tornamo-nos atentos aos objetos que estão à mão e também a nós mesmos. Assim como os atletas, os estetas podem ser pessoas ruins.

Elizabeth Bishop, que certa vez afirmou ser a mulher mais infeliz que já existira, articulou uma *ars poetica* aparentemente casual: "O que parece que se quer na arte, ao experimentá-la, é o que é necessário para sua criação, uma concentração autoaniquilante, perfeitamente inútil." Na mesma carta para sua amiga Anny Bauman, ela continua: "A arte só floresce no tempo de lazer, acredito." Todas as atividades descritas nesse livro demandam algum lazer e alguma concentração. Ter senso de humor — não ser arrogante — também é útil. Esquecemos de nós mesmos no prazer de fazer algo "inútil": sonhar por causa de um livro e se tornar parte dele; perder-se na escrita de palavras, que, embora escolhidas, mesmo assim conseguem ter uma vida independente e uma aparente vontade própria; focar com os olhos ou com os ouvidos no que se vê ou ouve; viver através do corpo em atos como andar, nadar ou dançar, nos quais o pequeno ego desaparece ou transcende.

Nos primeiros anos da república, John Adams escreveu de forma comovente para a mulher: "Preciso estudar política e guerra para que meus filhos possam ter liberdade de estudar matemática e filosofia. Meus filhos devem estudar matemática e filosofia, geografia, história natural, arquitetura naval, navegação, comércio e agricultura, para dar o direito aos filhos deles de estudarem pintura, poesia, música, arquitetura, escultura, tapeçaria e porcelana." Adams vira Bishop de cabeça para baixo. Se tivermos sorte, poderemos resumir e incluir o trabalho de três gerações em nossa vida, indo da praticidade a uma inutilidade mais elevada, da economia ao luxo, da necessidade ao ornamento, do trabalho ao lazer. Tal movimento não significa frivolidade, ou falta de preocupação com as aflições e preocupações mundanas. Ele reconhece a necessidade na vida de todos nós — como a das pessoas do poema de Bishop "Filling Station" (ver Capítulo 3) — de uma nota de "determinada cor".

A cor, assim como a ornamentação, está longe de ser irrelevante. A "mera" decoração (pense em "mera" em seu sentido mais antigo de "puro" e você terá uma história diferente), como a frivolidade de dançar, pode constituir a necessidade inútil exigida por Bishop. Assim como precisamos dormir para acordar, também precisamos de cor, ornamentação e tudo que é "supérfluo" para nos ajudar a tolerar as demandas da vida. O prazer e o lazer oferecem renovação, e esta aumenta a alegria de viver. Amy Clampitt, uma poeta cuja vida e trabalho transpiravam entusiasmo e *joie de vivre*, disse sobre si mesma numa carta em 1982: "Simplesmente me considero, apesar de tudo, uma daquelas pessoas sortudas por estar aqui." Seu tom de contentamento informal também abriga sua gratidão pela boa sorte — sua boa fortuna — de ter nascido ou se tornado uma pessoa como essa. É uma sensação que compartilho com ela.

Em *Estudos sobre a histeria*, Freud escreveu a uma paciente: "Sem dúvida, o destino acharia mais fácil do que eu aliviá-la de sua doença. Mas você poderá convencer-se de que haverá muito a ganhar se conseguirmos transformar seu sofrimento histérico numa infelicidade comum. Com uma vida mental restituída à saúde, você estará mais bem-armada contra essa infelicidade." Podemos superar Freud? Podemos substituir a infelicidade comum pela jovialidade cotidiana, a que Wordsworth chama de "um humor de verão"? Além de reconhecermos o acaso, a boa fortuna e a constituição neurológica e hormonal que produzem a alegria de viver, devemos também ir adiante e adquirirmos um sentimento de autoconfiança, uma crença na possibilidade da felicidade como um hábito.

A vida é curta. As autoridades são unânimes em afirmar isso. Em *Agamemnon*, Ésquilo coloca na boca de Cassandra uma versão da verdade amarga: toda a felicidade da vida é uma sombra e também sua miséria, "é nada, o rabisco primitivo de uma criança/em uma lousa que uma esponja úmida apaga". E *Eclesiastes* (3:20): "Todos vão para um lugar: todos são pó, e todos ao pó voltarão." Podemos mudar a música, mas a letra permanece a mesma: caso você pense, como Kander e Ebb, que "a vida é um cabaré, velho camarada", precisa admitir que, "do berço ao túmulo/a estadia não é tão longa assim", que o inverno chega logo, que a vida é uma série de pequenos triunfos que termina numa grande derrota e que — portanto — devemos honrar o princípio do prazer e a esperança inerente ao epicurismo iluminado. Voltaire, que escreveu algumas frases mordazes sobre o otimismo impensado em *Candide*, também nos incita a "ler e dançar — dois entretenimentos que nunca farão mal algum ao mundo". E eu concordo.

1 *Ler*

"Dizem que viver é tudo, mas prefiro ler." Assim falou Logan Pearsall Smith, o esteta quacre americano, cunhado de Bernard Berenson e Bertrand Russell, um dos asseclas do círculo de Bloomsbury e um homem que merece todo o meu respeito. E assim também é Graham Greene, que pode ser considerado tudo, menos um estudioso recluso. Disse ele certa vez: "Às vezes, penso que a vida de uma pessoa é formada mais por livros do que por seres humanos; é nos livros que se aprende sobre o amor e a dor alheios." Ler, em outras palavras, compete com a vida, é atividade paralela a ela e nos prepara para ela.

Após andar e falar, ler foi, aparentemente, o que fiz primeiro. Vim ao mundo no finalzinho da Segunda Guerra Mundial, fui o primeiro filho, o primeiro neto de ambos os lados e o bisneto mais velho de dois entre quatro ramos familiares. Fui precursor dos *baby boomers*, que viriam mais tarde, um filho substituto para aquelas mulheres solteiras que haviam ficado em casa ou para os jovens casais que ainda não haviam procriado. Não surpreende que eu tenha recebido muita atenção.

Ao contrário de muitos primogênitos, nasci três semanas antes do tempo, obviamente ansioso para sair e iniciar a grande aventura. Comecei a andar e falar cedo, aos 9 ou 10 meses. E, da mesma forma, também a ler — aprendi o alfabeto aos 18 meses, balbuciei palavras compreensíveis pouco depois. Nem genuinamente precoce nem extraordinário; fui simplesmente rápido. Todos os outros me alcançaram mais tarde, como todo mundo sempre faz. Meus pais me contaram que, quando morávamos ao lado de uma padaria e eu ainda não completara 2 anos, conseguia soletrar a palavra e depois dizê-la, para a surpresa deles.

Era um salto lógico, porém não inevitável, adotar a leitura como minha atividade favorita, a que mais cedo começou e a que mais tempo durou. Não me lembro de ter aprendido a ler, não me lembro de sentar no colo de um de meus pais e folhear uma cartilha, não me lembro de ter adormecido com alguém lendo para mim, embora tudo isso deva ter acontecido. Gosto de pensar que sou uma versão de Atenas brotando já crescida da cabeça de Zeus: emergi do útero materno pronto para ler. No entanto, a memória é traiçoeira, e nossas lembranças são vagas. O medievalista Seth Lerer diz: "Não vivemos com livros, mas com as memórias de livros: os fragmentos que lembramos, as páginas com a ponta dobrada, as linhas sublinhadas." Lembro-me de muitos livros, embora também tenha consciência de que me esqueci de muitos outros.

O que se segue é um esforço para recuperar os fragmentos do que deve ter significado ser um leitor há décadas e para fornecer algumas mostras do leitor que acabei me tornando. Imaginar alguém como um leitor é como qualquer outro esforço para escrever uma autobiografia. Você é a mesma pessoa que foi há muito tempo e também alguém diferente. Você acha que lembra; tem certeza de que esqueceu. O que eu sei é que muitas das minhas experiências importantes foram vividas através da leitura. Lemos em parte para nos perder e, dessa maneira, nos encontrar; da perda à reconstrução de si.

Cresci enquanto uma época cedia lugar à outra. Os anos imediatamente após a guerra, bem antes da migração nacional maciça para os subúrbios, nos Estados Unidos, abriram uma pequena janela de volta a um passado infinito e retrocedente e, adiante, rumo a um admirável mundo novo no futuro. Fomos as últimas crianças a nascer antes da onipresença da televisão. Da mesma forma que a maioria de meus contemporâneos e qualquer outra pessoa mais velha — uma pequena minoria dos norte-americanos hoje —, lembro-me da vida com apenas rádio, filmes e livros. Para a "Maior das Gerações" — os homens que voltavam do combate na Europa e na Ásia, as mulheres que esperavam por eles — e para seus filhos, que nasceriam em breve, os últimos anos da década de 1940 foram momentos decisivos. A vida era diferente, e se tornaria mais diferente ainda, durante a próspera década de 1950, da que existira durante a Depressão e por toda a guerra. O automóvel e a televisão eram os símbolos tangíveis daquela diferença. Carros novos, casas novas, tudo novo entrava em cena. A produção industrial doméstica cessara para suprir as necessidades da guerra. Minha família comprou a primeira televisão, uma grande caixa de madeira em que se acoplava uma tela pequena, em 1951. Eu tinha 6 anos. Assistir à televisão em seus primórdios era uma experiência difícil e bastante desagradável. A transmissão e a recepção eram igualmente ruins; tudo, sobretudo quando pontuado com aqueles gráficos usados para ajustar a imagem, parecia artificial em preto e branco na tela minúscula. As pessoas sentavam em cadeiras de espaldar reto e cravavam os olhos vidrados, como se estivessem se preparando para os psicodélicos anos 1960.

Comparado com isso, ler era fácil. Além disso, eu já cristalizara meus hábitos de leitura. Meus irmãos mais novos não se lembram de como era a vida antes da televisão. Na primeira série, já me acostumara com alguém lendo para mim e depois a ler para mim mesmo, passando da fase de soletração de p-a-d-a-r-i-a para livros infantis que não exigiam um adulto mediador. Em uma fotografia no jornal *The Philadelphia Inquirer*, em agosto de 1950, o verão da guerra da Coreia, estou sentado na colônia de férias, em meio a um grupo de crianças que ouve o orientador ler. Enfadado, olho para longe. Aos 5 anos, eu já sabia ler e ler para os outros. Em outra fotografia mais formal, três anos mais tarde, estou sentado numa cadeira na sala. Visto um suéter com decote em V e tenho o cabelo partido no meio, penteado e alisado. Alerta, encaro a câmera à minha frente. Em meu colo, repousa um livro aberto. Provavelmente, meus pais escolheram o acessório por sua conveniência. Devo ter ficado inquieto para voltar para seja lá que leitura eu fazia.

Ao contrário das crianças que crescem em uma casa cheia de livros, eu dependia — primeiro na infância e depois na adolescência — dos que ganhava ou comprava, ou pegava emprestado nas bibliotecas. Em nossa casa, havia poucos livros, e não me lembro de nada de interessante, exceto de alguns dos livros de medicina de meu pai, esplendidamente ilustrados, impressos em papel brilhante e cheios de palavras indecifráveis. Minha mãe tinha alguns romances: alguém ainda se lembra hoje em dia de Taylor Caldwell? E alguns livros resumidos da *Reader's Digest*, os quais, mesmo ainda criança, eu percebia que não eram exatamente do mesmo nível do original. Poucas crianças têm a chance de crescer com uma biblioteca ou *dentro* de uma; entre as exceções interessantes, estavam Virginia Woolf (nascida Stephen), Edith Wharton (nascida Jones) e C. S. Lewis, cujos pais sábios garantiram livre acesso a livros. Os potenciais benefícios de tal acesso, provavelmente, deixam de ser aproveitados mesmo por algumas das crianças sortudas que o possuem. Na adolescência, invejava os amigos que viviam em casas com livros. Uma parede inteira, ou várias, de prateleiras de carvalho ou mogno fresco pareciam acolhedoras, confortadoras, acalentadoras. Tudo o que eu conseguia pensar, inocentemente, era na pouca confusão, no pouco barulho e na pouca disputa que deveria haver numa casa assim. Os livros faziam mais do que decorar um ambiente. Eles o habitavam como pessoas e, como quadros nas paredes, compunham um ambiente — uma biblioteca, uma sala de estar, um escritório adjacente — harmoniosamente convidativo. W. H. Auden guardava seu *Oxford English Dictionary* na sala de jantar porque era onde a maioria das discussões sobre a língua ocorria. Os livros lá, como os pais instruídos de meus amigos, tornaram-se substitutos para os ambientes, os pais e a vida que eu queria para mim. Famílias com cultura, não aquelas com dinheiro, me impressionavam. Falando sobre o que chamou de "romance familiar", Freud sugeriu que todas as crianças se consideram verdadeiros príncipes disfarçados, mas na verdade são mendigos. Minha fantasia era a de que a cegonha me deixara na casa errada, que eu pertencia não àquele palácio, e menos ainda aos subúrbios, mas a uma biblioteca.

No entanto, eu tinha tudo ao meu redor, no ar que respirava, no respeito dos judeus — de meados do século XX, cultos e pouco religiosos — pela aprendizagem, pelo estudo e pelos livros, ou mesmo por O Livro. Esperava-se que fôssemos *Am Hasefer*, o povo do livro: meus antecessores supunham que ler constituía o chamado elevado da vida, mesmo que nossas razões tendessem mais para o prático do que para o espiritual, teórico ou estético. Ler nos conduzia ao progresso e ao sucesso; o estudo garantia o conhecimento; e o conhecimento, a prosperidade e o poder. Eu não precisava de estímulo· era viciado desde o início e, embora meus pais tentassem sem êxito arrancar-me dos livros aos 10 anos a fim de que eu saísse ao ar livre para jogar ou executar tarefas (o oposto do que tentavam fazer com meus irmãos), eu permanecia decididamente pensativo e escapista.

Era sonhador e, ao mesmo tempo, ligado a fatos, nomes, datas e eventos. Em uma conhecida carta a Thomas Poole (1797), Coleridge escreveu sobre sua fascinação juvenil pelos contos de fadas, e suas razões para permitir que crianças ingênuas lessem obras de fantasia:

> A partir de minha primeira leitura de contos de fada e duendes etc. etc., minha mente se habituou à *Imensidão* e à crença. Regulava minhas crenças de acordo com minhas concepções, não com minha visão — até mesmo naquela idade. Deveria ser permitido às crianças ler Romances & Relações com Gigantes e Mágicos e Duendes? Sei de tudo que foi dito contra isso; mas formei minha fé na assertividade. Não conheço outra forma de dar à mente um amor por "o Grande" e "o Todo". Aqueles que foram conduzidos às mesmas verdades passo a passo pelo testemunho constante de seus sentidos me parecem desejar um sentido que eu possuo — tudo que contemplam são *partes* — e todas as *partes* são necessariamente pequenas — e, para eles, o Universo não passa de uma massa de *coisas pequenas.*

As coisas pequenas são muito importantes. Qualquer leitor descobre logo por conta própria a relação apropriada e instigante entre fato e ficção, realidade e sonho, partes e todos.

Minha paixão era por história. Devorava livros de fatos e enciclopédias: eles continham realidades de alguma forma tão distantes quanto irrefutáveis. O almanaque, especialmente impresso em colunas múltiplas e em papel fino quase transparente, continha os mistérios do mundo, uma mistura surpreendente de fatos necessários e, ao mesmo tempo, irrelevantes. Listas de coisas que nunca soube que desejava conhecer desfilavam pelas páginas. Um novo almanaque saía todos os anos. Podia-se aguardar ansiosamente por fatos novos.

Lembro-me de datas. Quando tinha 11 anos, sabia de cor — não sei bem por quê — os nomes de todos os presidentes dos Estados Unidos, os vice-presidentes, suas mulheres, os concorrentes perdedores e os locais das convenções dos partidos. Assim como as crianças colecionavam selos, moedas, figurinhas de beisebol ou bolas de gude, eu colecionava fatos. O conhecimento era poder? Não sabia dizer. Para mim, conhecimento significava prazer, e era totalmente inútil. Como algumas obsessões, também era completamente inofensivo.

Em algum nível, toda criança sente que falta algo à vida cotidiana e que escapar da realidade é possível, na verdade, obrigatório. Algumas crianças fogem pelo corpo; outras — como eu — escapam por meio das experiências alheias ou dos devaneios. As casas de amigos e parentes que continham livros pareciam mais convidativas, melhor equipadas e mais calmas do que a minha, que era dominada pela energia nervosa de minha mãe, uma histérica explosiva que nos mantinha sempre em estado de incerteza. Mais tarde, os locais de culto dos quacres na vizinhança me mostraram como as pessoas eram capazes de sentar em silêncio ininterrupto. Antes, ler provocava o mesmo efeito.

Mais do que tudo, ler permitia que a criança que eu era descobrisse mundos paralelos, aqueles que, de alguma forma, eram parecidos com o meu, mas que, nos detalhes mais importantes, não eram. Não me lembro de livros infantis, nem mesmo os do dr. Seuss. Shel Silverstein ainda não aparecera. Dos 8 anos em diante, fiquei fixado nos Hardy Boys, no doutor Dolittle, em biografias e livros de história ilustrados dirigidos a jovens leitores. Nos círculos educacionais atuais, os assim chamados especialistas alardeiam os prazeres de encontrar imagens do eu em livros. Os professores e teóricos querem encorajar, até mesmo forçar, sentimentos de autoestima e validação. As mulheres leem sobre mulheres; os afro-americanos, sobre afro-americanos; os americanos nativos, sobre americanos nativos. E assim por diante. Todos seguram um espelho literário, olham para ele e encontram uma versão de si mesmos. Se ler é realmente uma conversa, com quem você deseja conversar? Consigo mesmo ou com outra pessoa?

Não procurei a literatura para me encontrar nela. Meu ego estava bem desenvolvido na época em que me tornei um jovem leitor sério, e não acredito que desejasse me ver refletido, exceto indireta ou obscuramente, na vida dos personagens sobre quem lia. Era a alteridade que concentrava e excitava minhas energias. Para fins de autoestima, eu tinha — bem — a mim mesmo e não precisava reforçar minha autoconfiança encontrando outras versões de mim. Mais tarde, na adolescência, procurei os livros tanto para obter informações e instruções sobre sexo (se *Peyton Place* e *A árvore da vida* parecem recatados hoje em dia, eram bem picantes há 25 anos), como também prazeres não eróticos.

Ainda antes de aprender sobre pessoas, aprendi sobre linguagem, que não era meramente referencial, mas uma realidade essencial por si só. Ler oferecia a emoção pura das palavras, seus sons e sentidos meio imaginados, assim como informações sobre outras pessoas e seus mundos. O dicionário era meu companheiro e amigo. Minha turma na escola fundamental, composta em sua maioria por crianças judias de classe média, recitava todos os dias tanto o Juramento de Lealdade à Pátria quanto o Pai-Nosso. Ninguém parecia se opor. Acredito tão piamente em separar igreja de Estado quanto o humanista profano mais próximo, mas, olhando em retrospectiva, duvido que rezar o Pai-Nosso todos os dias nos tenha feito algum mal. Como todos os rituais verbais repetidos automaticamente, essa oração era menos uma afirmação de fé do que um mantra para anunciar que o dia letivo começara. E tinha efeitos salutares. Algo entra na cabeça após tanta repetição. Lembro-me do mistério das palavras polissilábicas, como "ofensas" (seja lá o que significavam) e "indivisível", palavras que ficaram sem definição. Aí estavam as seduções misteriosas da linguagem.

Na escola hebraica, duas tardes por semana e nas manhãs de sábado até meu *bar mitzvah*, fui inundado por sons e ritmos de uma linguagem inteiramente desconhecida. Se em minha sinagoga suburbana tivesse havido um desafio ou pedagogia intelectual legítimos, eu talvez tivesse me tornado um *yeshiva bocher* (um jovem estudioso sério), ou pelo menos me esforçado o suficiente para dominar os princípios de uma língua estrangeira. Cada um de nós aprendeu de cor seus segmentos do Torá e do Haftorá e os entoamos atabalhoadamente como uma forma de ingressar na vida adulta. A maioria de nós não fazia muita ideia de como as palavras funcionavam ou o que significavam. Nenhuma pitada de sintaxe ou vocabulário era passada para nós.

Entretanto, por ter de passar três horas todos os sábados de manhã rezando, observando os mais velhos em pé e ajoelhados, rezando e lamentando, admirando-os por saberem o que fazer e por seu aparente entendimento das letras misteriosas do lado direito da página, comecei a acompanhar a cerimônia. Fiz tentativas hesitantes para entender o significado das palavras hebraicas em inglês. Eu me tornava — embora quase não tivesse consciência disso na época — tanto um crítico quanto um tradutor literário. A linguagem se abrira para mim e abrira em mim algo que respondia ao apelo sensual de seus sons. Até mesmo hoje, agora que meu hebraico anteriormente rudimentar se atrofiou ainda mais, fico emocionado quando passo meus dedos sobre as palavras e tento recitá-las. Quando tinha 30 anos, eu me inscrevi em um curso de verão de grego elementar. Lemos Homero por seis semanas. A mesma antiga excitação voltou: aqueles caracteres engraçados tinham sentidos e sons. Eu conseguia entendê-los! Aquela alegria nunca me abandonou, e também acompanhou meus amigos que leem árabe, russo, línguas asiáticas escritas em ideogramas, tudo menos algo com origem romana. Nossa emoção mais primitiva ao ler deriva de saber que dominamos os segredos das marcas em uma página, as quais representam sons, palavras e sentidos.

O crítico e poeta John Hollander descreveu um fenômeno parecido, mas que deriva da incompreensão e do erro, e não do entendimento. Todos nós já passamos por isso e podemos identificá-lo, sobretudo em retrospectiva. A alegria chegou a Hollander a partir de um *mondegreen*, isto é, uma frase que foi erroneamente ouvida como algo que não é. O termo epônimo deriva da estrofe violenta da velha balada folclórica britânica "The Earl of Moray": "They have slain the Earl o' Moray / and laid him on the green" [Mataram o conde de Moray,/e o deitaram na grama], cuja segunda linha para alguns ouvintes virou "and Lady Mondegreen" [e a senhora Mondegreen]. Para os ouvidos do jovem Hollander, o salmo 23 dizia "Cegamente quebra a idade e a missa em corda do penhor e seu guidom todos os dias da minha vida", em vez de "Certamente que a bondade e a misericórdia do Senhor me seguirão todos os dias da minha vida". Malachy McCourt intitulou suas memórias de *A Monk Swimming* [Um monge nadando] porque entendera mal na Ave-Maria as palavras *"Blessed art thou amongst women"* ["Bendita sois vós entre as mulheres"]. Frases que aprendemos de cor na infância, sejam elas religiosas ou profanas, estimulam nossos primeiros sentimentos pela magia da linguagem, com seus múltiplos sentidos, trocadilhos e possíveis erros. Os ecos continuam a nos assombrar por anos a fio.

Toda língua, mesmo a nativa, é potencialmente estrangeira para uma criança, e todas as palavras são novas em algum momento. Ler naturalmente nos leva dos livros que estão à mão até um dicionário ou a um de nossos pais complacentes: "Mamãe, o que significa 'ofensa'?" "O que é um 'indivisível'?", perguntei à minha professora do terceiro ano, pensando que era como um dirigível, ou uma sala na qual *havia* algo. Um ano ou dois mais tarde, ouvi pela primeira vez, e depois li, o título da peça *Mourning Becomes Electra*, de Eugene O'Neill. O quê? Ele conjurava imagens de uma tempestade de trovões antes do meio-dia.* As palavras podem ter mais de um significado? Homônimos polissilábicos existem? Electra era uma pessoa? Quem sabia disso?

E um livro nos leva a outro. Para mim, o dicionário, não a Bíblia, era *o* Livro. Ele continha tudo que eu precisava saber. Quando comecei minhas primeiras investidas hesitantes em línguas estrangeiras (francês e latim), o *Larousse* ou o *Cassell*

---

* *Mourning* [luto] é homófono de *morning* [manhã]; já o nome Electra soa como *electric* [elétrico]. No Brasil, o título foi traduzido como *Electra enlutada*. (*N. do T.*)

praticamente se tornaram uma terceira mão. Na metade da adolescência, tirava grande satisfação de façanhas tradutórias. E, da tradução, surgiu alguma crítica literária incipiente. Após pular um ano inteiro de francês na escola secundária durante o verão, entre o oitavo e nono anos, e ter aulas particulares semanais com minha professora, li o primeiro livro que me tornou um intérprete consciente: *O pequeno príncipe.* Ao discuti-lo com minha professora, em meu francês de estudante, disse — sem usar as palavras "admonitório" ou "parábola", que entrariam em minha vida vários anos depois — que o livro abordava os mundos diferentes de crianças e adultos, de inocência e de experiência. "*Les grandes personnes sont comme ça*", "*Les enfants doivent être très indulgents envers les grandes personnes*". Esse leitor de 14 anos se encontrava no limite entre dois mundos, apreciando ambos, pertencendo a ambos e a nenhum. "*On ne voit bien qu'avec le coeur, l'essentiel est invisible pour les yeux*": assim diz a raposa, na frase mais importante do livro. Nunca antes em minha experiência de leitura o significado colaborara tão docemente com a sedução. E o simples fato de que eu conseguia entender quase todas as palavras estrangeiras — e, com o dicionário à mão, todas as palavras — levava a simples ideia de entendimento a um nível mais profundo.

Outra experiência que abriu meus olhos naquele mesmo ano surgiu de uma tarefa na aula de inglês. Líamos *Os miseráveis.* Tínhamos de escrever um trabalho final para nota (seja lá o que isso significava para um garoto de 14 anos), e escolhi fazer o meu sobre o sistema de esgotos de Paris. Minhas pesquisas sanitárias me levaram à Free Library da Filadélfia, o nobre edifício neoclássico que foi inaugurado em 1927, na esquina da Nineteenth Street com a Vine Street, bem perto da saída da grandiosa estrada Benjamin Franklin, que ia da Prefeitura ao Philapelphia Museum of Art. Projetado por Horace Trumbauer e baseado na fachada dos Palácios Gabriel, na Place de la Concorde em Paris, o edifício misturava dignidade imponente e hospitalidade generosa, uma combinação atraente para um adolescente estudioso. Isso, disse para mim mesmo, era o local de aprendizagem onde eu poderia localizar — ou parcialmente inventar — a verdade. Era uma descoberta excitante, até mesmo inebriante, descobrir que eu podia pegar o ônibus e o metrô dos subúrbios, sozinho, andar nos corredores da sabedoria, folhear as fichas catalográficas e os livros de referência, que constituíam os programas de busca daquele tempo, e depois pedir materiais para serem entregues na minha mesa. Todo o conhecimento parecia estar contido em algum lugar nas prateleiras inacessíveis e espaçosas da biblioteca. Melhor ainda: eu podia fazer uma demanda imperiosa ("Que haja um mapa do sistema de esgoto") e depois tê-la atendida ("E um mapa antigo do sistema de esgoto foi apresentado"). Os próprios bibliotecários pareciam portadores de alguma autoridade secreta; eles incorporavam e transmitiam a autoridade tranquila oriunda da sabedoria, ou pelo menos do conhecimento que se adquire nos livros.

Na Public Library de Nova York, na Forty-second Street, na principal filial da Free Library, uma assistente prestativa recebia um formulário de solicitação, o inseria num tubo pneumático cilíndrico que o sugava e, em seguida, os materiais solicitados apareciam. Conhecimento e poder nunca pareceram tão cômoda e automaticamente ligados. Ler em casa, e depois na escola, me tornou tradutor e crítico; a combinação emocionante de prazer, calma e poder oriundos de simplesmente sentar numa biblioteca me transformou num estudioso. O conhecimento vinha de acordo com o pedido. Aprender era, de muitas maneiras, mais simples do que a vida. "Peça e receberá", esse se tornou meu lema. Estale os dedos, escolha um livro. Diferentemente das pessoas, os livros nunca o decepcionam. Eles sempre dizem sim.

Os livros eram meios de informação, de fugas imaginativas e de prazer. Sua sensualidade pura — o efeito de olhar, tocar e até mesmo cheirá-los — explica seu poder duradouro até hoje, numa época em que várias décadas atrás foi previsto que o livro desapareceria. Lembra-se do *e-book*? Os produtores ainda estão tentando nos convencer a adotar esse tipo de livro. Publicação por demanda? Talvez. Tudo no mundo alcançável através do Google? Ainda não é uma oportunidade viável. Gostamos de possuir, armazenar, pegar, assim como examinar cuidadosamente nossos livros. Lembro-me de uma aula de inglês no ensino médio em que conscientemente inventei um ditado com um trocadilho engraçado. Nosso professor bigodudo, elegante e genial, Albert Weston, passava quando eu inalava profundamente o aroma de um livro recém-comprado, meu nariz enterrado nas páginas abertas. "O que você está fazendo?", ele perguntou. "Sr. Weston, gosto de cheirar livros", respondi. Cético, incerto, ele o tirou da minha mão e cheirou a capa delicadamente. "Sr. Weston", devolvi imediatamente, *"you can't smell a book by its cover!"* [Não se pode cheirar um livro pela capa].*

As propriedades físicas dos livros (o que nós, acadêmicos, agora chamamos de sua materialidade) são o que primeiro atraem as crianças, que sabem como mordiscar ou babar e mordê-los. A própria linguagem que utilizamos para falar sobre ler transmite seus prazeres metaforicamente: "Eu o devorei", "Eu o absorvi", "Captei tudo", "Não consegui largá-lo", "Saboreei-o página a página". "Faminto por conhecimento",

* Trocadilho com o ditado tradicional *You can't* <u>*tell*</u> *a book by its cover* [Não se pode julgar um livro pela capa]. (*N. do T.*)

dizemos. Ou "Ele me consumiu", "Os personagens saltaram das páginas", "A ação fez meu coração acelerar". Ler pode ser uma alternativa para a experiência vivida, mas essa atividade também faz suas demandas físicas, assim como imaginativas, e oferece gratificações sensuais. Alberto Manguel, um mestre da escrita sobre a leitura, aplica a palavra franco-canadense *heureuseté* — um tanto diferente do mero deleite — aos prazeres complexos da leitura. E certamente parte da provocação é a própria aparência do livro. Especialistas em projeto gráfico e marketing sabem como atrair o leitor e, de muitas maneiras, você certamente *pode* julgar um livro por sua capa, sua impressão, seu papel e seu cheiro. A sensualidade de ler — sobretudo na cama, e sempre segurando um objeto físico — é outra explicação fácil para o fracasso do *e-book*, para a improbabilidade de uma sociedade sem papel. Ninguém, até hoje, sentiu vontade de se aconchegar num sofá com uma tela de computador no colo. Assim como os amantes, os livros seduzem, atraem, às vezes decepcionam e, outras vezes, inclusive, repelem.

Os livros atraem por sua concretude, assim como o faz a experiência de lê-los. Cheirá-los? Sim, claro. Quebrar sua lombada? Escrever neles? Devido à minha criação judaica, levava muito a sério o culto ao livro, embora para mim esse culto fosse mais metafórico do que religioso. A tradição diz que qualquer um que deixe cair o Torá deve fazer penitência — as punições variam —, e uma vez que cada pergaminho escrito à mão é um objeto sagrado, uma desgraça recairá sobre a pessoa que macula a palavra de Deus. Na sinagoga, o pergaminho sagrado não é sequer tocado: em vez disso, desenrolamos os cabos de madeira e nos aproximamos do texto com um apontador de metal (o *yad*, ou mão, cujo dedo orienta os olhos do leitor). E, à medida que o Torá passa, em seu caminho pela congregação, tocamos nele com os *tzitzis* (franjas) da mantilha de reza e depois levamos as franjas à boca para beijá-las. O Torá concede uma graça. Você não o beija; ele beija você. Não é de estranhar que até mesmo um descrente absorveria algum sentido da autoridade magnífica de todos os livros.

Levei anos para quebrar a lombada de um livro, e ainda mais alguns para escrever neles. Não se macula algo sagrado. Quando comecei a comprar meus próprios livros didáticos na faculdade, fui forçado a considerá-los objetos de uso. Comecei fazendo marcas delicadas com lápis nas margens. Depois, passei a sublinhar. Estava em queda livre rumo à perdição. Escrever nas margens veio depois. Ignorava completamente que os comentários — bíblicos, talmúdicos — tinham uma longa tradição, que um sábio colocava literalmente novas camadas de interpretação sobre as de seus precursores, como em uma edição com diversas explicações ou em um hipertexto moderno que permite ver uma página cercada por comentários. As relações entre primário e secundário, chamada e resposta, verdade absoluta e ideias humanas começaram a ficar indistintas. Na melhor das hipóteses, no rastro dos maiores escritores (Blake, Keats e Coleridge saltam à memória), seguimos o envolvimento do próprio autor por meio de sua resposta ao que está lendo. Ele está iluminando não apenas o tema aceito, porém, mais importante, a si mesmo. A marginália volumosa de Coleridge, milhares de páginas em seis volumes grossos, mostra uma mente sábia muito ocupada. A de Blake é frequentemente mais divertida, indo de resmungos de admiração ou de reprovação ("Não", "Bravo", "Legal", "Não acredito nisso", "Bobagem completa"), passando por questões e aforismos ("Nobre... Mas com certeza... a maldade ativa é melhor do que a bondade passiva"; "Não existe algo como a piedade natural porque o Homem Natural é inimigo de Deus"), até parágrafos inteiros que reproduzem em miniatura a visão de mundo peculiar de um gênio excêntrico.

Em sua forma mais constrangedora, as anotações feitas à margem mostram bobagens, arrogâncias e idiotices juvenis. Nas páginas iniciais de *Pnin*, Nabokov marca um ponto ao refletir sobre os livros didáticos dos estudantes que retornam à Waindell University, aqueles entusiasmados que anotam expressões e palavras como "descrição da natureza" e "ironia" nas margens e traduzem palavras difíceis como *oiseaux* para o caso de não se lembrarem delas no futuro. Certa vez, peguei emprestado um exemplar de *Filhos e amantes*, de D. H. Lawrence, de um colega cujo narcisismo praticamente saltava da página na qual ele escrevera, em resposta a uma efusão lawrenciana excessivamente sentimental e mística sobre a questão da masculinidade: "Isso não se aplica a mim." A quem, pensei, isso era dirigido? A ele mesmo? Seus amigos e familiares, herdeiros e alunos? Outra pessoa certamente verá isso. Ao ler e rabiscar, você também será ouvido, testemunhado e lido. Falar com o texto significa assumir um risco. Seus comentários infantis e pueris retornarão para assombrá-lo.

"Alguns livros devem ser testados; outros, engolidos; e alguns poucos mastigados e digeridos." Essa foi a famosa versão de Francis Bacon daquilo que era uma imagem padrão da Renascença, uma que foi articulada pela própria rainha Elisabeth. Como leitores, absorvemos tudo, ao mesmo tempo em que somos consumidos pela experiência. Ler é uma troca complexa entre ação e passividade. Consumir é queimar, devorar. Eu absorvia livros; eles me incendiavam. Eu saboreava. No Velho Testamento, o profeta Ezequiel (c. 593 a.C.) é visitado por um anjo que diz a ele: "Filho do homem, come este rolo." (Ez 3:3) Em algumas escolas judias medievais, os meninos cobriam suas lousas com palavras e depois com mel. Eles lambiam o mel. Às vezes, os versos bíblicos eram escritos em bolos, ou em ovos cozidos. Primeiro, você lê, depois come. A leitura alimenta o corpo e o espírito.

Ao ler Ezequiel pela primeira vez, tive uma daquelas experiências maravilhosas de leitura errada (o que Harold Bloom chama de "mal-aprendizagem", um erro que revela um sentido de verdade mais profundo). O rolo em questão não era, como meu ser adolescente acreditava, um croissant ou um brioche, mas um rolo escrito, a ser absorvido oralmente e ingerido pelo corpo. A ser incorporado ao ser digerido. Deve-se ler da mesma forma que se come, com vontade. Sobretudo para os jovens e apaixonados, até mesmo os potencialmente apaixonados, os livros são objetos eróticos, assim como receptáculos de erotismo. Sempre que um aluno obediente e aplicado me pede para lhe recomendar leituras, para lhe sugerir algo que o instrua durante o verão, eu me esquivo. Claro que não, digo. Você deve ler da mesma forma que vive: promiscuamente. Você deve ir, como fiz por anos, a bibliotecas locais e vasculhar as prateleiras, pegando livros aleatoriamente, folheando as páginas, lendo as primeiras e permitindo que seus olhos vagueiem por onde quiserem. Leve sacolas de compras ou mochilas consigo. Encha-as. Leve-as para casa. Alguns itens atrairão sua atenção por mais de um minuto; aqueles que não o fizerem, leve-os de volta. A leitura deve ser violentamente volúvel, experimental, caprichosa e até mesmo perigosa. Encontre o que o atrai e o mantenha. Leia apenas o que você quiser. Os livros não o tornam necessariamente uma pessoa melhor. A instrução é para as salas de aula; os verões são para o prazer. No capítulo final de *Para ler como um escritor*, Francine Prose nos fornece sua lista de "Livros para ler imediatamente". Na melhor das hipóteses, sua lista é um aparte interessante, pois nos mostra os gostos de uma mulher. Se você está interessado em Francine Prose, então aprenderá algo sobre ela no livro. Você não aprenderá nada sobre outra pessoa ou outra coisa. Cada leitor tem sua lista de "livros que levaria para uma ilha deserta" e existem alguns elementos comuns nessas listas, mas todos devem fazer a própria, e não depender da de outrem.

No ensino médio, meus amigos e eu éramos obcecados em ordem, de preferência, por política, música e livros. Nos dias de inocência — antes do florescimento pleno da década de 1960, os dias de Camelot antes de 22 de novembro de 1963, antes do Vietnã, antes das conflagrações em nossas cidades e no mundo inteiro —, os protestos políticos tinham uma esperança invejavelmente inocente, que logo azedou. Tudo parecia possível. O gosto musical da época ocupava um patamar médio equivalente, entre o Elvis em início de carreira e o primeiro LP dos Beatles. Para nós, a música significava canções folk, Joan Baez, Pete Seeger, a jovem Odetta e o ainda mais jovem Ray Charles. Significava também nossos primeiros contatos com a música clássica tanto em discos quanto ao vivo.

Entretanto, foram os livros, sobretudo, que nos definiram como *beatniks* bebês. O novo milênio promove muitas formas de ser ou parecer inteligente. A juventude atual se vangloria de uma sofisticação visual obtida por meio de filmes, da televisão e das investidas do mercado comercial. Não tínhamos as investidas e, portanto, a sofisticação. Os meios de comunicação não nos manipulavam, muito menos nos definiam. Ser inteligente, cinquenta anos atrás, significava ler; a sofisticação significava, *tout court*, sofisticação literária. O ensino de línguas estrangeiras, hoje inexistente na maioria das escolas públicas norte-americanas, estava em pleno vapor, em parte por causa do Sputnik e da necessidade norte-americana presumida de competir em termos científicos e em outros termos, com o império do mal da União Soviética; e, também por causa disso, como um legado da grande imigração para os Estados Unidos desde o fim do século XIX até a Segunda Guerra Mundial. Na década de 1930, quase todas as escolas de cidadezinhas do interior nos Estados Unidos ofereciam o ensino de latim, alemão, francês e espanhol; na época pós-Sputnik dos anos 1950, o russo foi acrescentado ao currículo da maioria das escolas dos subúrbios e das grandes cidades. Aqueles dias há muito se foram. Atualmente, apenas um número diminuto de escolas públicas nos Estados Unidos oferece mais do que um ano ou dois de latim superficial, ou qualquer língua moderna além do inquestionavelmente útil espanhol.

A utilidade era nossa última preocupação. Um sentimento forte de esnobismo estava presente. Os jovens mais inteligentes ou competitivos aprendiam latim, com base na ideia duvidosa de que seria útil, de acordo com nossos pais, para nossas carreiras em medicina e direito. Tinha algo a ver com o entendimento das raízes das palavras inglesas e com ser capaz de identificar rapidamente *habeas corpus, mens rea, lex talionis, stare decisis, res judicata* e uma legião de termos farmacêuticos. Os tipos artísticos, em sua maioria garotas, aprendiam francês, a língua do charme e da elegância. As inscrições nas aulas de francês decolaram, sobretudo após o país ter visto Jacqueline Kennedy e se apaixonado por ela. Todos os outros aprendiam espanhol, por achar que era mais fácil do que as demais línguas. Certamente essa língua não apresentava as declinações do latim e do alemão, mas as nuances e a pronúncia, sem falar do modo subjuntivo, de jeito algum facilitavam seu aprendizado. Porém, o latim era a cereja do bolo. Mais tarde, na faculdade, alguns de meus amigos tentaram superar uns aos outros encontrando as línguas mais obscuras para estudar — turco, coreano, suaíli e até mesmo amárico. Em sua autobiografia *Minha mocidade*, aquele estudante notoriamente ruim Winston Churchill tem o seguinte a dizer: "Por ficar tanto tempo na turma inferior, obtive uma vantagem imensa sobre os garotos mais inteligentes. Tenho na ponta da língua a estrutura essencial da sentença inglesa básica, que é algo nobre. Naturalmente, sou a favor de se ensinar inglês aos meninos e, depois, permitiria aos mais inteligentes aprenderem latim como uma honra, e grego por prazer."

Latim era a honra máxima e, como acabou acontecendo, sob a orientação de um professor inspirador e com um grande livro à nossa frente (a *Eneida*), também foi um prazer. No último ano do ensino médio, após nossos colegas menos dotados e menos inclinados à linguística terem abandonado o curso, os poucos sortudos ainda presentes leram e enfrentaram as partes-padrão do épico: Livro 1 (a chegada a Cartago), Livro 2 (a última noite de Troia), Livro 4 (o caso amoroso entre Dido e Eneias) e o Livro 6 (a descida ao submundo; a visão de Eneias sobre o futuro de Roma). Outros trechos de Virgílio e pequenos fragmentos de Ovídio também entraram no programa. O estudo de latim realizou algo que os de inglês e francês deixaram de fazer: conscientizaram-me de como realmente funciona a poesia. Minha língua nativa não tinha o mesmo efeito em mim, uma vez que eu a entendia e, erroneamente, acreditava que podia lê-la com menos atenção. Nas aulas de latim, trabalhamos sentença por sentença, oração por oração, parte por parte; prestamos atenção a cada pedaço de cada palavra. Nossos trabalhos exigiam de nós como o inglês nunca o fizera. Nosso professor nos deu o primeiro mandamento: "Sempre procure o verbo primeiro." Até mesmo o francês era menos desafiador, porque passávamos grande parte de nosso tempo aprendendo a pronunciá-lo. Dou graças a Deus pela inutilidade das assim chamadas línguas mortas.

Não consigo imaginar quantas horas passei deitado na cama ou sentado à minha escrivaninha, dicionário à mão, analisando as sentenças. Naqueles dias, não lançávamos mão de traduções existentes; em geral, tínhamos grande orgulho de nosso desejo de dominar a língua, embora o telefone facilitasse as consultas no meio da noite. Quando Eneias encorajou seu pelotão reduzido de companheiros cansados de guerra, "*O socii... forsan et haec olim meminisse iuvabit*", o simples ato de traduzir o discurso famoso me tornou não apenas um tradutor, mas também um leitor atento de poesia. O herói se dirigia a *nós*, sua plateia adolescente: "Ó, companheiros... Um dia, talvez, até esses fatos serão com prazer relembrados." E assim o foi, para mim e meus companheiros (como os *socii* de Eneias), alguns dos quais acabaram por estudar os clássicos na universidade, e todos — tenham se tornado acadêmicos, médicos, advogados, homens de negócios, arquitetos ou psicoterapeutas — podem agora atestar, muito depois da meia-idade, os efeitos pouco vocacionais ou úteis de nossos estudos clássicos. As aulas de latim me estimularam a passar uma vida inteira lendo poemas. Robert Frost ouviu pela primeira vez o que chamou de "a voz falante" na poesia quando estava no ensino médio em Lawrence, Massachusetts, lendo as esperadas peças de Shakespeare e as não esperadas *Éclogas*, de Virgílio. Ele fez sua descoberta por intermédio de um poeta de dois milênios atrás, que escreveu numa assim chamada língua morta e no modo pastoral, o gênero poético mais artificial. Sua experiência teria me causado mais surpresa do que causou se algo semelhante não tivesse acontecido comigo, embora no meu caso tenha sido a *Eneida* que provocou a revelação.

Alguns anos antes, mais ou menos na época de *O pequeno príncipe* e *Os miseráveis*, romances grandes e longos eram minha forma de fuga, meu passatempo extracurricular. Aos 14 anos, *...E o vento levou*, o primeiro filme que vi reexibido na telona, anos antes de os filmes antigos aparecerem na tevê, passou nos cinemas de minha cidade. O filme tem uma simetria clássica. A primeira parte termina com os votos de Scarlett, "Como Deus é testemunha, nunca mais passarei fome outra vez", uma versão condensada do juramento do romance "Como Deus é testemunha, como Deus é testemunha, os ianques não vão me derrotar. Vou sobreviver a isso e, quando tiver terminado, nunca mais passarei fome outra vez. Não, nenhum dos meus. Se eu precisar roubar ou matar — como Deus é testemunha, nunca mais passarei fome outra vez." Nunca soubera que um filme pudesse ter intervalo. Nunca vira um que tivesse. Portanto, pensei que o filme tinha acabado e estava prestes a sair do cinema. A determinação corajosa de Vivien Leigh me deixara satisfeito. Havia mais? Um amigo me trouxe de volta para ver a segunda parte.

Em seguida, li o romance e não consegui, como se diz, largá-lo. Literalmente: quando cheguei à página 1.037, voltei ao começo e li tudo novamente. Mitchell pode ter visto o mundo do Velho Sul com olhos tacanhos, e agora olhamos com desconfiança para sua ideologia e nostalgia com cheiro de magnólia, mas ela certamente sabia como escrever uma frase de abertura: "Scarlett O'Hara não era bonita, mas raramente os homens percebiam isso, atraídos por seus encantos, como foram os gêmeos Tarleton." Fui fisgado, e como os gêmeos, me apaixonei por Scarlett e por praticamente todo mundo no livro. Não importava se, até mesmo naquela época, eu soubesse que a visão de Mitchell em relação ao Sul — com os escravos nas plantações apresentados como caricaturas de negros felizes, dedicados e cantadores — fosse imprecisa, ofensiva e politicamente incorreta, embora ninguém usasse esse termo em 1958. O que me prendeu foi o ritmo da narrativa, a estrutura e — desde a primeira frase citada — a linguagem. Por todo o livro, o estilo de Mitchell combina clareza de dicção e opulência de detalhes, um tipo de exagero sulista quando necessário. Eu o li tanto pela trama quanto pelo estilo, mesmo naquela época. (Mais tarde, fiquei impressionado com os ditames de Chateaubriand: "Vivemos apenas por meio do estilo", e do genial Howard Nemerov: "A questão do estilo é a personalidade.") Até mesmo comparado com o longa-metragem, o romance extenso parecia amplo e rico, do tipo em que um leitor jovem poderia se perder. O juramento de Scarlett aparece não na metade, mas após um terço do livro. Victor Fleming pegou o monstro prolixo e difuso de Mitchell e o adaptou para um meio diferente. Ele lhe deu um formato que a obra tinha implicitamente.

Assim, percebi que a forma, como a linguagem, era importante. Na faculdade, li o discurso de E. M. Forster de 1949 "A arte pela arte", cujo título representava na época uma crença fora de moda. (Como poderia ser diferente no rastro da Segunda Guerra Mundial?) O prazer juvenil pela simetria dos romances me tornou simpatizante do esteticismo claramente articulado de Forster: "Uma obra de arte — seja lá o que mais possa ser — é uma entidade independente, com vida própria, imposta a ela por seu criador. Apresenta uma ordem interna. Deve ter uma forma externa. É assim que a reconhecemos." Na adolescência, começara a sentir a harmonia interna dos livros, responsável por grande parte do prazer deles.

Um ano após *...E o vento levou*, encontrei *A Tree Grows in Brooklyn*, de Betty Smith. Talvez ele é que me tenha encontrado. O romance apareceu primeiro em 1943, um ano antes de mim. Trata-se de um livro sobre ler e sonhar, sobre a maneira como a jovem Francie Nolan sai de uma casa de cômodos no Brooklyn por meio de uma combinação, em partes iguais, de coragem e imaginação literária. No final do livro, quando deixa o Brooklyn, ela embala sua pequena biblioteca, que inclui — além dos livros de recortes que reunira — a Bíblia de Gideão, um Shakespeare completo e um *Folhas de relva* rasgado. A mãe de Francie trabalha como zeladora e o pai é um garçom cantante. Francie é uma leitora contumaz, que frequenta a biblioteca e lê um livro por dia em ordem alfabética. Aos sábados, descansa e se delicia, sentada na escada de incêndio, perto da árvore. Após a morte do pai por causa da bebida, após deixar a escola primária e conseguir um emprego numa fábrica, passando mais tarde à posição de "leitora" para outros trabalhadores, após ser aprovada no exame de admissão à faculdade e se preparar para ir para a Michigan University, ela devolve livros à biblioteca pela última vez. Ela vê outra moça, com um livro na mão, sentada na escada de incêndio. Outro galho crescera no tronco de sua árvore favorita, que fora cortada.

Desde o início, fiquei fascinado. Duas coisas me atraíram. A primeira tinha algo a ver com a própria linguagem. Aqui está o parágrafo de abertura:

> Sereno era uma palavra apropriada ao Brooklyn, em Nova York. Sobretudo no verão de 1912. Sombrio. Mas ela não se aplicava a Williamsburg, Brooklyn. Prado era agradável e Shenandoah tinha um som lindo, mas aquelas palavras não se encaixavam no Brooklyn. Sereno era a única apropriada; sobretudo, numa tarde de sábado no verão.

As palavras, a voz, percebi, pertenciam tanto à autora quanto à sua principal personagem — ambas lidavam com questões de linguagem. Que palavra melhor descreve uma tarde de verão no Brooklyn? (Shakespeare pergunta: "Poderei comparar-te, acaso, a um dia de verão?") Esse é um problema para uma escritora, e também para um leitor, atento às formas segundo as quais a linguagem encontra, combina e define o mundo ao redor dela. Fiquei também impressionado com o que pensei que fosse um erro: fôramos ensinados já na sétima série que "sereno", "sombrio" e "prado" deveriam, por direito, ter aspas para sinalizar sua presença como nomes, como rótulos. Betty Smith fazia algo que provocaria uma marca com caneta vermelha de meu professor. Talvez os escritores tivessem opções? Foi isso que mais tarde aprendi que se chamava licença poética? Seja o que for, parecia algo ousado. Era um estilo.

Igualmente excitante era a percepção — a mesma que tive quando li Saint-Exupéry — de que algo poderia significar, representar outra coisa. Eu ainda não tinha uma palavra para aquilo. Vários anos depois, na escola, aprenderíamos termos como "símbolo", "metáfora", os componentes básicos do estudo literário. A árvore que cresceu no Brooklyn é o ailanto, a "Árvore do Paraíso", uma planta robusta, feia e obstinada que cria raízes no solo mais infértil. É a própria Francie; percebi isso muito rápido, sobretudo porque Smith nos dá um guia do leitor na forma de uma epígrafe em itálico na folha de rosto:

> Há uma árvore que cresce no Brooklyn. Algumas pessoas a chamam de Árvore do Paraíso. Não importa onde suas sementes caem, é uma árvore que luta para alcançar o céu. Ela cresce em terrenos baldios e em pilhas de lixo abandonadas. Ela cresce nas grades dos porões. Ela é a única árvore que cresce do cimento. Ela cresce abundantemente... sobrevive sem sol, água e, aparentemente, sem terra. Ela seria considerada linda se não existissem tantas.

Eu vivia num subúrbio rico, com pátios, jardins e dois carros em cada garagem. Como — em que palavra eu podia pensar? — deve ser exótico e romântico viver em uma favela para escapar pela escada de incêndio. Lá, a vida devia ser mais vigorosa e mais intensa. E, se a Francie devaneadora podia escapar de sua favela, então talvez seu leitor devaneador pudesse indiretamente transcender a monotonia suburbana.

Linguagem, descrição de personagens, metáfora, estrutura formal e repetição: eu sabia exatamente o que me dava satisfação, ainda que não fosse capaz de expressar isso em palavras. Uma criança lê primeiro por causa de palavras e figuras, depois por sons e histórias e, em seguida, pela descrição de personagens. À medida que a criança vai crescendo, outros fatores mais sutis entram em cena. Ela começa a apreciar a forma literária. *Compulsion* (1956), de Meyer Levin, conta a história emocionante de Leopold e Loeb em duas partes: "O crime do século" e "O julgamento do século". Antes e depois, causa e efeito: quanta clareza! As histórias possuem arquitetura! Então, havia *The Last Hurrah*, escrito por Edwin O'Connor e publicado em 1956. Devo ter visto Spencer Tracy no filme de 1958 e depois recorrido ao original, como fizera com *...E o vento levou*. Todos os anúncios e críticas diziam que Frank Skeffington *era* realmente o famoso James Michael Curley, de Boston, mas a cidade permaneceu anônima. Algo podia ser ficção e realidade ao mesmo tempo.

As comportas abriram: primeiro Truman Capote e Carson McCullers, flores de estufa do estilo gótico sulista, ambos representavam a fuga de uma vida suburbana nortista perfeitamente corriqueira. Assim também era Isak Dinesen. Mudei da ficção para a não ficção: história, filosofia (em algum lugar, tenho anotações de minhas leituras juvenis de Kierkegaard). *A psicopatologia da vida cotidiana*, de Freud, parecia convidativa, mas rapidamente entediou um garoto de 16 anos. Ler se tornou algo como um esporte competitivo entre mim e meus amigos. Competíamos não apenas pela quantidade, mas também pela rapidez e a variedade. Quem conseguia ler o material mais estranho? Haiku japonês? *Entre quatro paredes?* Sem problema. Dylan Thomas? Kierkegaard? Dante? Hermann Hesse? Sabíamos que *The Waste Land* era poesia importante, embora, ou por causa disso, não conseguíssemos entender uma só palavra nela. Rapidamente, o exótico se tornou domesticado em nosso jogo intenso de demonstração de superioridade acadêmica.

Mesmo antes de começarmos a frequentar livrarias e cafeterias — e fingirmos ser universitários sofisticados, não que conseguíssemos enganar alguém além de nós mesmos —, perto do *campus* da University of Pennsylvania, vagávamos pela livraria Leary's na South Ninth Street, no bairro de Center City na Filadéfia, um edifício pequeno, antigo, estreito e de vários andares, espremido entre duas grandes cavernas comerciais que constituíam a loja de departamentos Gimbel. Era um porto divinamente empoeirado; divino *porque* empoeirado. A maioria das grandes cidades tinha lugares assim: agora eles todos haviam sumido, vítimas das grandes cadeias de livrarias e da internet. A Leary's desapareceu na metade da década de 1960. Ela estocava livros novos, sobretudo livros didáticos universitários, sua razão de ser em termos comerciais, mas essa não era a razão pela qual íamos lá. O melhor material era o de segunda mão, e tudo era velho, os funcionários e os materiais. O lugar era desleixado; cheirava mal. Fossem lá o que fossem os subúrbios imaculadamente limpos, aquilo era exatamente o oposto. Não existe nada tão bom quanto nosso lar, mas lá era onde eu queria viver. Os livros — usados, com as pontas das páginas dobradas, às vezes rasgados e amarelados — eram os habitantes que nunca precisavam se comportar de forma apropriada. Nenhuma demanda lhes era feita.

Ou a você: ninguém sorria e o cumprimentava. Se precisasse de ajuda, era só pedir. Para um leitor e comprador, não é tão ruim assim ser ignorado. Melhor do que encontrar o que procurava era encontrar o que não procurava. Você nem sabia o que procurava até encontrá-lo. Para qualquer comprador, nada supera a emoção intensa de uma descoberta casual. Vagando de andar em andar, categoria por categoria, você puxava algo de uma prateleira e encontrava algo bem atrás. Pilhas acumuladas balançavam no chão. A arrumação dos livros na Leary's era, na melhor das hipóteses, descuidada; qualquer ordem — um termo generoso — tinha um alto grau de aleatoriedade. Para fazer a compra, você colocava o dinheiro (ainda não havia cartões de crédito) em uma cesta que ficava pendurada num sistema decrépito de cabos na altura do teto. Mesmo há meio século, sabíamos que aquilo era antiquado, parte da resistência deliberada da loja a modernidades, tais como as caixas registradoras. O cabo puxava a cesta para o escritório invisível do caixa; poucos minutos depois, o recibo e o troco tiniam pelo caminho de volta até você. Você podia ficar lá o dia inteiro. Parecia que alguns funcionários estavam lá desde sempre. Ninguém perguntava o que você estava fazendo, porque ninguém realmente se importava. Esperavam que você fizesse uma compra, se não naquele dia, no futuro. Sabiam que você era leitor. Do contrário, não teria entrado lá. James Billington diz que acha que se tornou o Bibliotecário do Congresso porque, quando garoto, o pai vivia levando livros usados da Leary's para casa. A loja era a imagem do paraíso para um amante de livros.

Mais do que as livrarias, os próprios livros atraíam; eram lugares em que habitávamos e que, gradualmente, vieram a nos habitar. Os maiores leitores sempre lançaram mão da linguagem física ao descreverem os prazeres — e as dores — desse ato solitário e contemplativo. Em uma carta, Keats disse que, quando lemos um poema longo, somos libertados, querendo dizer com isso que o poema também nos captura. Já mencionei metáforas de alimentação, comida e nutrição. As imagens de viagem são quase igualmente populares, desde "Não há fragata como um livro / Para nos levar a terras distantes", de Emily Dickinson, ao poema ainda melhor de Keats "On First Looking into Chapman's Homer", que alenta e enriquece o tema da leitura como uma viagem pela imaginação de outrem. Por meios indiretos, o falante-ouvinte-leitor-escritor de 20 anos diz que "ouvira falar de uma grande imensidão" onde Homero reinava, mas que nunca teve a emoção de visitá-la até ouvir "Chapman falar alto e claro", momento em que sentiu como se realmente estivesse lá, "respira[ndo] seu ar puro e calmo". Apenas a linguagem dos sentidos é capaz de transmitir o impacto poderoso da tradução elisabetana de Chapman.

No século seguinte, Kafka escreveu para Oskar Pollak sobre um poder equivalente, porém mais poderoso, potencialmente mortal: "Penso que devemos ler apenas os livros que nos mordem e ferroam. Se o livro que estamos lendo não nos sacode ou acorda da mesma forma que um golpe no crânio, por que nos darmos ao trabalho de lê-lo?... Precisamos de livros que nos atinjam como uma desgraça dolorosa... um livro deve ser o machado para o mar congelado dentro de nós." O livro destrói; o livro dá vida. Para Keats, ler intensifica e amplia, expande os horizontes; ele nos deixa respirar o ar mais puro; ele nos deixa em estado de torpor. Para Kafka, também nos bane, aterroriza, inunda. Kafka não estava interessado em massagear o ego, em se autoafirmar, ou em elevar a autoestima, pelo menos não como a autopromoção que surge quando você lê sobre si mesmo.

Essas metáforas físicas ocorrem naturalmente com aqueles escritores para quem a literatura é uma questão de vida e morte, Eros e Thanatos. Para os leitores comuns e moderados, é o prazer que predomina, e não a dor. De qualquer maneira, as próprias condições físicas do ato são dignas de nota. Como todas as atividades discutidas nestas páginas (com exceção da dança), a leitura não apenas demanda prazer e disciplina, mas também tranquilidade e solidão. A história mudou quando as pessoas começaram a ler em silêncio e em particular, e não em voz alta e em grupos. Nos mosteiros medievais, o grupo prevalecia, a leitura coletiva acontecia durante as refeições e, de acordo com Manguel, "solidão e privacidade eram consideradas punições". Durante todo o século XIX, quando ser uma mulher erudita, isto é, independente, era algo difícil e socialmente desaprovado, as inglesas liam em voz alta umas para as outras, como uma forma socialmente sancionada de estudo. A vida do indivíduo repete a da espécie: toda criança atinge o ponto em que substitui a atividade vespertina de ouvir um dos pais ler para ela, primeiro, por uma leitura antifônica alternada entre ela e outro e, depois, pela leitura silenciosa. Nenhum dos pais precisa participar, nenhuma plateia é necessária. A atividade social se tornou um evento solitário. Perdida no mundo imaginário do livro, a criança se perde dentro de si mesma, passando a ser ator e plateia ao mesmo tempo.

Mais tarde, a leitura em voz alta pode retornar. Da mesma forma que a jardinagem, trata-se de um passatempo da meia-idade. Lembro-me de casais leitores famosos, como William e Dorothy Wordsworth, Leonard e Virginia Woolf, ou os poetas americanos Donald Hall e sua mulher, Jane Kenyon, e Amy Clampitt e o marido Harold Korn. Os membros da família de

Jane Austen, na casa paroquial de Steventon, em Hampshire, liam em voz alta uns para os outros ao longo do dia. Robert Frost disse que o ouvido, não o olho, é o melhor leitor. Ele estava pensando em como a leitura silenciosa da poesia tende a ignorar não apenas as palavras, mas também os sons e ritmos, todas as qualidades musicais que entram na sensualidade plena da experiência do texto. E, seja silenciosa, seja em voz alta, a melhor leitura é sempre vagarosa — isso é justamente sobre o que Frost falava.

Quando ainda frequentava o ensino médio, meus colegas e eu nos inscrevemos em um curso de "leitura rápida", cuja tolice era evidente para mim até naquela época. Uma mulher chamada Evelyn Wood inventara, aperfeiçoara ou fabricara uma técnica denominada "Leitura Dinâmica", que envolvia agitar a mão, simultaneamente, de um lado para outro e de cima para baixo diante da página à sua frente. Como se dissesse "abracadabra" junto com a agitação da mão, de alguma forma, você extraía o sentido essencial que saltava da página para sua consciência por osmose mística. Era como acordar os mortos ou evocar os espíritos ausentes para uma sessão espírita. E era totalmente desprovido de prazer. Thomas De Quincey estabeleceu uma distinção entre a literatura do conhecimento e a do poder: a primeira é para a qual você se dirige para obter informações; a segunda, para o arrebatamento. Suponho que as medidas para economizar tempo, como a leitura dinâmica, podem ser úteis para alguém envolvido com os aspectos práticos da busca e do acúmulo de informações, mas nenhum leitor genuíno deseja progredir rapidamente. Os leitores são tartarugas, não lebres.

A maioria de nós prefere estabelecer o próprio ritmo. Todos têm sentimentos ambíguos com relação aos audiolivros, uma experiência de duplo efeito que nos permite ser crianças novamente. O leitor, no carro, na ginástica com os fones de ouvido ou em uma cadeira confortável ao lado de um amplificador, ouve um profissional lendo com uma voz bonita, articulada com elegância, sutileza, paixão e inteligência, e — acima de tudo — clareza, palavras que podem ter escapado do radar da consciência à medida que o olho humano vai passando pela página de cima para baixo, por vezes, perdendo-se no caminho. Mas o leitor ouvinte é inteiramente passivo, vítima e também beneficiário das escolhas feitas para ele por outro leitor. Assistir a um evento ao vivo — ópera, beisebol, balé — e dirigir seu olhar para onde *você* deseja que ele vá é diferente de vê-lo em uma tela. Você pode ver replays e close-ups, mas foi outra pessoa quem fez todas as escolhas direcionais. Isso também nos faz lembrar do fenômeno das leituras públicas feitas pelos Escritores Famosos A e B: o primeiro pode ler divinamente e o segundo, murmurar através da barba. Um desempenho maravilhoso pode levá-lo ao livro que o leitor recitou, só que aí você descobre que prefere sua versão da música à do autor.

Os leitores sérios são seres solitários para quem a arte é uma questão muito privada. Eles tendem a ser estranhos, silenciosos, obcecados e independentes ou muito teimosos, raramente entrando no ritmo de outra pessoa. E por que alguém desejaria associar-se a um grupo de leitura, ler o mesmo livro que todos os outros que moram no mesmo bairro e depois sentar numa roda e trocar obviedades? Dê-me liberdade, por favor. De minha parte, gosto de ler enquanto faço uma refeição (Plínio, o Jovem, gostava que lessem *para* ele enquanto comia; como também, mais tarde, os monges cistercienses); um dos maiores prazeres de viajar sozinho é a leitura sem constrangimento em restaurantes.

Alguns leitores exigem certos tipos de mobília e fontes de luz. Aprendi na escola a sempre ler numa cadeira confortável que permita uma postura relaxada, mas não demais, com uma luz forte para leitura ou outra fonte de iluminação por cima do ombro esquerdo. Marguerite Duras disse que nunca leu ao ar livre, preferindo a escuridão, só com a página iluminada. Preocupo-me menos com a postura e a fonte de luz do que com o barulho externo. Não consigo mais ler um texto sério se houver música tocando. Quando viajo, ou espero em estações ferroviárias e aeroportos, preso em algum espaço público, uso protetores auriculares para bloquear a conversa humana e os barulhos externos. Consigo escrever com música tocando, pois escrever significa empurrar algo para fora, enquanto ler significa colocar algo para dentro. Posso realizar apenas uma atividade de cada vez e, se escolho ler, estou usando meus olhos e ouvidos metafóricos. Qualquer interferência externa e supérflua será uma distração. A maioria das pessoas prefere ler na cama, e muitas gostam de ler deitadas. Trata-se de uma regressão à infância e ao reino da imaginação? Todos aqueles que ficaram acordados após a hora de apagar as luzes em casa, ou em uma colônia de férias, com uma lanterna sob as cobertas, conhecem a emoção furtiva da solidão e da desobediência. E quantas pessoas adormecem enquanto leem, em vez de serem acordadas pela leitura? A leitura é estimulante ou soporífera?

Na idade adulta, o que uma pessoa deveria ler, o que ela lê? Não posso mais me entregar ao luxo da promiscuidade juvenil, sabendo que o tempo está passando, que toda escolha de algo exclui outra coisa, o que deveríamos fazer? Os leitores são apostadores. Toda recomendação de amigos entusiasmados vem acompanhada de riscos. Você pode começar uma obra nova e se cansar dela ao não encontrar recompensas e prazeres imediatos. O que fazer então? Continuar com ela e esperar que a recompensa chegue logo? Ou absorver o prejuízo e passar para outra obra? Minha sugestão: releia aqueles livros que deram prazer no passado. Uma memória fotográfica não é necessariamente uma bênção: existe certo charme no esquecimento; assim, se você não estiver amaldiçoado por uma memória perfeita, sentirá a alegria de descobrir alguns trechos como se fosse a primeira vez, enquanto outros o atingirão com o ímpeto revigorante da repetição. Como uma versão mais antiga da pessoa que sempre foi, você pode ter o melhor de dois mundos ao mesmo tempo: algo antigo, algo novo; algo lembrado, algo revelado.

Na adolescência, minha concepção do paraíso envolvia ser trancado numa sala escura e ler ficção durante 12 horas diárias. Hoje em dia, percebo que os grandes romances não são, até certo ponto, devidamente apreciados pelos jovens. Aos 20 anos, li *Retrato de uma senhora* para um seminário da faculdade sobre Henry James. Consegui executar as manobras e honrar os protocolos ensinados aos estudantes sofisticados de literatura inglesa, mas realmente não tinha a menor ideia do que motivava Isabel Archer. Analisei-a, mas não a entendi. A heroína de James podia ter sido uma criatura de outro planeta ou de uma espécie diferente. Dez anos mais tarde, o livro fez mais sentido. Eu mudara, não ele. *Ana Karenina* — ou melhor dizendo, minha leitura do livro — sofreu uma metamorfose semelhante. Aos 21 anos, perguntei-me "Onde está o estilo?" e "Por que há tanta agricultura?". Mark Twain costumava dizer que, quando ele era criança, seu pai parecia um tolo, mas, ao atingir a maturidade, este lhe pareceu muito mais sábio. Da mesma forma, Tolstoi se tornara mais esperto trinta anos após eu tê-lo encontrado pela primeira vez. A política e a agricultura — tudo que se passa entre Kitty e Levin, assim como entre Ana e Vronsky — eram a própria vida. Graham Greene estava apenas parcialmente certo quando disse que aprendemos sobre o amor e a dor ao lermos. Precisamos também conhecer esses sentimentos *antes* de os confrontarmos novamente nas páginas de um livro. Ler nos torna abertos a novos sentimentos, experiências, palavras e mundos, mas podemos não estar prontos para aprender suas lições até que já tenhamos uma ideia de suas verdades dentro de nós mesmos. A arte nos ensina, em parte, o que já sabemos. Assim como quando o aluno está pronto, o professor certo aparece, os livros também vêm a nós quando precisamos deles.

Os professores recebem o crédito por apresentar leitores a livros que mudam sua vida. Às vezes, a mudança é acidental; por vezes, não é para melhor. Podemos pensar em leitores que devaneiam e perdem contato com a realidade. Muitos são leitores sobre os quais estamos lendo, don Quixote, Emma Bovary, ambos arruinados pela leitura, ou Paolo e Francesca de Dante, os quais, lendo juntos e compartilhando um livro, finalmente abandonaram a obra ("A partir daquele momento, não lemos mais") em favor de uma intimidade mais perigosa. Petrarco nos alertou para os perigos da leitura, mas fez isso por escrito, sabendo que seria lido.

A leitura pode preparar o leitor para revelações maiores e não literárias. A iconografia tradicional da Virgem Maria — sobretudo após o altar de Simone Martini, datado de 1333, em Siena — a caracteriza como uma leitora, interrompida por Gabriel enquanto rezava, depois alertada por meio de uma experiência auditiva para algo maior do que seus olhos podem absorver. Entre outras coisas, a Anunciação é uma experiência sinestésica, que substitui a visão pela audição, da qual nós, observadores, participamos ao olhar para alguém lendo e ouvindo. A anunciação de Gabriel — "Ave, cheia de graça, o Senhor é contigo" — substitui um texto por outro. Qualquer que seja o texto dela (às vezes, o *Livro de Horas*; outras vezes, o prognóstico de Isaías da Imaculada Conceição, outras ainda o *Cântico dos Cânticos*, ou o *Livro de Provérbios*), a leitura sinaliza a santidade intelectual de Maria, sua proximidade com Deus.

O leitor e o objeto refletem um ao outro. Maria lê sobre si mesma: o que o Velho Testamento prevê será realizado em sua vida. E o Novo Testamento substituirá e completará o Velho. Nas cenas da Anunciação, a Virgem se torna seu livro. Recordo-me do leitor secular anônimo mais recente no poema de Wallace Stevens "The House Was Quiet and the World Was Calm", que também "se transforma" no próprio livro que lê. Stevens apresenta seu leitor num trecho descritivo, em vez de capturá-lo numa interrupção dramática. O leitor afunda mais em sua absorção, ao contrário de Maria, a quem Gabriel chama, interrompendo sua concentração. O leitor anônimo de Stevens se torna parte da "verdade em um mundo calmo,/No qual não há outro significado", uma verdade que une leitor, livro e cena. Tal verdade "é, em si mesma,/calma, verão e noite,/é o leitor ficando acordado até tarde e lendo lá". Verbo maravilhoso, ele "se transforma"; Stevens nos apresenta simultaneamente um retrato harmônico ("Nossa, essa roupa lhe cai muito bem", dizemos a alguém) e um retrato de mudança imediata. A Virgem deve largar o livro para receber a notícia que, em alguns quadros, a amedronta. Dependerá muito da representação do próprio Gabriel, uma beleza epicena e doce ou uma figura que desce como um gavião e assusta a pobre menina. Ela não tem escolha. Ela foi escolhida.

Há outras histórias — algumas descritivas e na terceira pessoa, como a de Stevens, outras autobiográficas — sobre o significado e o efeito da literatura nos leitores. Minha favorita é a de John Stuart Mill, que — se acreditarmos nele — foi salvo pela própria literatura. No Capítulo 5 de sua *Autobiografia* (1873), Mill descreve sua crise de nervos aos 20 anos, após uma criação muito rigorosa por um pai utilitarista. O que James Mill esqueceu, na ânsia por ensinar ao filho latim e grego, economia e história, foi de instruí-lo sobre a linguagem dos sentimentos e, consequentemente, o jovem sofreu o que podemos apenas chamar de um colapso nervoso. Sua cura, autoadministrada, se deu através da poesia, não a poesia do apaixonado, *Sturm und Drang*, lorde Byron — como ele mesmo se surpreendeu ao saber —, mas a de Wordsworth, o quieto e meditativo "poeta das naturezas não poéticas".

A descrição de Mill é trivial e torna indistinta a linha divisória entre crítica literária, memória e psicoterapia:

> Certamente, houve, até mesmo em nossa própria época, poetas mais importantes do que Wordsworth, mas a poesia de sentido mais profundo e sublime não poderia ter feito por mim, naquela época, o que a dele fez. Precisava sentir que havia felicidade real e permanente na contemplação tranquila. Wordsworth me ensinou isso, não apenas sem se afastar; mas com um interesse imensamente ampliado no destino e nos sentimentos comuns dos seres humanos. E o prazer que esses poemas me deram provou que, com cultura desse tipo, não havia por que temer o hábito mais confirmado da análise. Na conclusão dos Poemas, veio a famosa Ode, falsamente chamada platônica, "Intimações da imortalidade"... Pensei que ele tivesse passado pela mesma experiência que eu; que também sentira que o primeiro frescor do prazer da juventude não durava; mas que ele buscara compensação e a encontrara na forma com que agora me ensinava a fazer o mesmo. O resultado era que eu, gradual mas completamente, emergi da depressão habitual e nunca mais me submeti a ela. Continuei a valorizar Wordsworth menos por seus méritos do que pelo que fizera comigo. Comparado com os grandes poetas,

> pode-se dizer que ele foi o poeta das naturezas não poéticas, possuído por gostos serenos e contemplativos. Porém, as naturezas não poéticas são precisamente aquelas que exigem trato poético. Esse trato Wordsworth está muito mais preparado para dar do que aqueles que são intrinsecamente muito mais poetas do que ele.

Para os sofredores, melancólicos e neuróticos comuns dos dias de hoje, podemos dizer com segurança: "Jogue fora seu Prozac, pegue seu Wordsworth"? Esse conselho revolucionaria a indústria da saúde.

Atualmente, a leitura — sou tentado a chamá-la de "a melhor leitura" — está em risco de extinção não apenas porque nossa cultura se tornou visual e obcecada por imagens, mas também, e mais perigosamente, porque se tornou uma cultura de massa. As atividades mais populares são realizadas coletivamente — música, esportes, shows espetaculares ao vivo, enquanto os melhores leitores são solitários idiossincráticos. Há barulho demais, sobretudo quando menos desejamos. No teatro, num concerto ou nos cinemas, as pessoas se comportam como se ainda estivessem em suas salas de estar, emitindo opiniões que ninguém mais deseja ouvir, não importa se em voz alta ou em sussurros. Sentar e ficar quieto em um lugar, sobretudo na presença de outros, é um costume moribundo ou, pelo menos, em risco de extinção. Portanto, onde fica a pobre leitura? Sentar sozinho, em silêncio, no quarto: quantos têm a capacidade de fazer isso? Talvez muitos poucos a tenham tido no passado; talvez "a melhor leitura" sempre tenha sido o sonho quimérico de um professor.

Mesmo sem uma fórmula tão dramática quanto "Sai o Prozac, entra Wordsworth", ou "Chega de orgias de rock, que venha a solidão", podemos apontar outras afirmações mais serenas e calculadas sobre o poder resgatador de uma vida inteira dedicada aos livros. Virginia Woolf escreveu a melhor avaliação sobre a leitura e suas recompensas:

> Por vezes, sonho que, quando o Dia do Juízo Final chegar e os grandes conquistadores, advogados e estadistas forem receber suas recompensas — coroas, ramos de louros, nomes gravados indelevelmente em mármore eterno —, Deus se voltará para Pedro e dirá, não sem determinada inveja quando Ele nos vir chegando com livros embaixo do braço: "Olhe, esses não precisam de recompensas. Nada temos para lhes dar. Eles amaram a leitura."
>
> ("How Should One Read a Book?" *The Common Reader*)

Pouco importa o que você lê. Na juventude, eu preferia o teste da complexidade (Proust, Joyce, James). Na maturidade, prefiro a elegância da aparente clareza (Pascal, Willa Cather), da arte que se oculta. Porém, mesmo o que parece transparente tem sua opacidade. Toda leitura nos desafia. "O poema deve resistir à inteligência,/Quase com sucesso", disse Wallace Stevens. Qualquer leitor sabe que o advérbio "quase" é a palavra mais importante nesse epigrama inteligente. Ler nos coloca à prova, no sentido de que essa atividade nos testa e porque, em muitos casos, nos fez quem somos. A leitura, fonte de distúrbios, ameaças, angústias ocasionais e motivo para questões e alarmes, ainda é — como Woolf sugere — sua própria recompensa gratificante, seu próprio prazer inútil.

2 *Caminhar*

Pode parecer um tanto excêntrico cruzar o Atlântico de avião somente para dar uma caminhada. Pelo menos, teria parecido estranho para mim antes e até mesmo durante uma excursão recente à Inglaterra. No entanto, depois disso, passou a fazer um sentido lógico, embora esquisito. No voo transoceânico de volta, com bastante tempo para refletir sobre o que significara a semana anterior, tive uma espécie de revelação. Percebi que fora a Londres porque desejava respirar esticando as pernas; queria pensar de pé.

Antes de tudo, deixe-me explicar o que eu *não* estava fazendo. Não me sentia nem um pouco aventureiro — como, por exemplo, o grande escritor de viagens Patrick Leigh Fermor, que, aos 18 anos, em 1933, resolveu caminhar de Roterdã a Constantinopla. E conseguiu. Não fui a Londres com a intenção de fazer uma peregrinação, nem usei a cidade como um ponto de partida deliberado para *ela*. As peregrinações têm um propósito específico e um ponto final geográfico. Muitas vezes, elas envolvem, ou costumavam envolver, a mortificação da carne. Os peregrinos do século XIV, de Chaucer, caminhavam até a Cantuária para, presumidamente, buscar absolvição no santuário de São Tomás e também para sacudir o inverno de seus corpos, uma vez que as chuvas doces de abril começavam a aliviar tanto a secura humana quanto a da natureza. A mera execução de um exercício físico também não tinha nada a ver comigo. Eu poderia fazer isso em casa. Devo ter tido alguns motivos superficiais para minha viagem (visitar amigos, planejar um encontro acadêmico, ir a museus, ver peças de teatro), mas percebi, em retrospectiva, que esses eram, na melhor das hipóteses, pretextos insignificantes para uma necessidade mais profunda. O que entendi no voo de volta foi algo que, na verdade, existira por baixo da fina camada superior de minha consciência o tempo inteiro, isto é, que eu fora experimentar o prazer — indisponível para mim em solo pátrio — de caminhar, de me deliciar no que Wallace Stevens chamou de "os prazeres de meramente circular", de encenar o papel do *flaneur* do século XIX, o andarilho na cidade, assim como nos parques urbanos e nas paisagens rurais próximas.

Apenas recentemente, as pessoas começaram a analisar as razões pelas quais caminhamos e também o local e a época em que praticamos essa atividade. Quando caminhar significava trabalhar, quando era o meio principal de locomoção humana, quem se importava? Era uma parte inevitável da vida, não uma escolha. Não acredito que seja comum pensar, ou até mesmo escrever, sobre caminhar. Ao fazê-lo, apontamos para o âmago do que somos e para a essência de nossa vida nesse momento da história humana.

Há alguns anos, voei até San Diego para participar de uma conferência. Ao acordar bem cedo no dia seguinte à minha chegada, olhei para os panfletos turísticos sobre a escrivaninha e verifiquei que o Balboa Park, local do famoso zoológico e dos museus da cidade, uma parte bonita e renomada da paisagem urbana, ficava a 5km ou mais de meu hotel na zona portuária. Perguntei aos jovens manobristas que ficavam na portaria se do Marriott até o parque seria uma caminhada agradável pela cidade. Eles pareceram incrédulos e, sem dúvida, confusos:

— Ah, não, senhor. Achamos que não dá para o senhor caminhar daqui até lá.

— Por que não? — perguntei, mostrando-lhes o mapa. — Certamente, não me parece tão longe assim.

— Talvez não — eles responderam prestativamente —, mas é morro acima e levará, pelo menos, 45 minutos.

Nada intimidado, perguntei aos rapazes se eles frequentavam alguma academia de ginástica. (Lembrei-me de uma charge do *New Yorker* que mostra viciados em ginástica entrando em um elevador e um cartaz que diz PARA OS APARELHOS DE "STEP", ao lado das escadas, que eles poderiam ter usado, em vez do elevador.) Os rapazes admitiram que sim. "Bem, caras, aqui está uma sugestão modesta: vocês deveriam tentar andar ao ar livre, no clima maravilhoso da Califórnia, como uma atividade substituta." Mais tarde naquele dia, após ter feito a longa caminhada morro acima, passeado no zoológico e nos museus, almoçado, visto vitrines e caminhado morro abaixo até o hotel, confrontei-me com os mesmos jovens e enfatizei que voltara são e salvo e que, no futuro, eles poderiam recomendar aos habitantes da Costa Leste, ou a outros tipos bizarros, uma caminhada até o parque e dentro dele. Eles se sentiram aliviados, embora surpresos, por saberem que eu sobrevivera para lhes contar sobre minha excursão perigosa. Será que ninguém nunca lhes perguntara isso antes?

Como eu, esses universitários viviam em um Estados Unidos da América moderno e real, onde, em geral, caminhar sem pressa não é possível, exceto em cidades pequenas e na maioria das grandes cidades do Leste (Boston, Nova York, Filadélfia, Washington ou Chicago) construídas antes da época do automóvel e contando com sistemas de transporte de massa eficientes. Logo após minha aventura em San Diego, fui visitar amigos alemães em Colônia, que perguntaram: "Por que vocês, americanos, são tão obcecados por ginástica?" Tive de lembrá-los de que as pessoas que vão às academias são definidas, em sua grande parte, de forma significativa por classe e renda. Elas são cultas e têm tempo livre. Contudo, ainda mais importante é o fato de que, a não ser que os americanos que não vivem do trabalho físico façam um esforço concentrado em fazer exercícios, não fazem nenhum. Meus amigos alemães, ambos com 60 e poucos anos, vivem no quinto andar de um edifício antigo, dilapidado, mas bem construído, com um elevador arcaico que funciona de vez em quando, ou seja, quase o mesmo que não ter nada. Eles sobem e descem as escadas, muitas vezes quatro a cinco vezes por dia, com compras e pacotes pesados, há trinta anos. Eles não precisam frequentar uma academia.

Dallas, Texas, minha residência mais recente, oferece muita resistência aos caminhantes. Em primeiro lugar, ela é grande; em segundo, fisicamente, não é nada atraente; e em terceiro, é quente demais durante quase o ano inteiro. Tomados individualmente, nenhum desses obstáculos deveria, em tese, impedir a atividade de caminhar. Porém, combinados, eles tornam os passeios a pé desagradáveis e até mesmo impossíveis. Assim como muitas cidades americanas modernas, Dallas consiste em uma teia de aranha de comunidades residenciais distintas, articuladas e cruzadas por autoestradas e ruas amplas que muitas vezes não possuem calçadas, com centros comerciais locais servindo como mininós, shoppings imensos como nós maiores e uma área central que sobreviveu sem um ritmo de atividades 24 horas até bem recentemente, quando pioneiros urbanos corajosos decidiram povoá-la novamente e torná-la um espaço habitável. As grandes construtoras acabaram por reconhecer o valor econômico do "planejamento de uso misto". Embora algumas pessoas agora achem que preferem viver num lugar no qual se possa ir jantar a pé, o automóvel ainda é o rei; as pessoas muitas vezes dirigem de uma ponta à outra do estacionamento de um shopping. As senhoras que saem para almoçar fora podem calçar Jimmy Choo ou Manolo Blahnik, porque não precisam andar em cima daqueles sapatos; em vez disso, deixam seus carros com o manobrista, entram triunfantemente no restaurante chique e deslizam elegantes até a mesa.

Ao contrário de muitas cidades menores e mais amenas, Dallas nem sequer ostenta muitos ciclistas, a não ser aqueles que colocam as bicicletas no teto dos carros e dirigem até um lago ou parque rural. As bicicletas estão muito pouco presentes nas ruas da cidade porque não há ciclovias e porque a proliferação de veículos utilitários e outros carros igualmente grandes significa uma ameaça cada vez maior aos ciclistas ousados hoje em dia. Simplesmente não há espaço suficiente para carros e bicicletas nas ruas.

Os pedestres estão um pouco menos ameaçados. Porém, anos atrás, ao ver uma pessoa passeando calmamente em uma vizinhança residencial, os policiais costumavam pará-la para perguntar o que estava fazendo e depois, se a pessoa parecesse muito suspeita (leia-se: não branco), a acompanhavam até seu destino. Agora que temos viciados em saúde procurando melhorar seus sistemas cardiovasculares bem cedo de manhã e ao entardecer, ou antes e após as refeições, ao menos vemos pessoas nas ruas, mas um praticante de exercícios determinado não é o mesmo que um caminhante casual.

Em uma cidade que tem duas estações — verão e todo o resto — e uma qualidade de ar ruim em boa parte do ano, há poucas oportunidades, e quase nenhum prazer, em caminhar até o local de trabalho, mesmo se a distância a ser percorrida for relativamente pequena. Em um clima verdadeiramente ártico, é sempre possível acrescentar camadas de roupa como isolante e sair para se divertir, mas há um limite de quanta roupa é possível tirar no calor. Na terra viabilizada pelo ar-condicionado, fica-se dentro de carros, escritórios, casas e até mesmo de comunidades fechadas. O objetivo é a autoproteção, e ela resulta em isolamento. Evitamos nos expor e nos misturar para termos segurança. Rebecca Solnit, cujo livro *A History of Walking* (2000) oferece um guia maravilhosamente amplo da caminhada em termos físicos e literários, ignora o clima como um fator que contribui positivamente, mas também inibe os prazeres dessa atividade tão natural. Ela vive na Califórnia, não no Texas. Até mesmo os habitantes de Dallas que vivem suficientemente perto para andar de casa para o trabalho não conseguem fazê-lo, pois durante quase metade do ano eles chegariam lá ensopados e pegajosos de suor.

Da mesma forma que caminhar *para* um destino, caminhar para acelerar o coração e suar não é igual a andar, pura e simplesmente. Immanuel Kant definiu a arte como *Zwechlichkeit ohne Zweck* ("finalidade sem fim"), e a arte de andar, como as outras mais permanentes, frequentemente não tem outra função além de si mesma. Ao mesmo tempo, até mesmo chamá-la de arte é exagerar seu status: todo mundo sabe fazer isso, e ninguém com mais de 2 anos precisa de treinamento para fazê-lo, basta querer fazer. Os bebês não precisam ser ensinados a andar. No final do primeiro ano de vida, algum mecanismo biológico ou genético desperta neles o desejo de ficar de pé, levantar do berço com o auxílio dos braços e transformar as perninhas gordas em agentes de mobilidade. Eles caem; levantam; cambaleiam; saem correndo. O que significa ser um bom ou excelente caminhante? Significa ir mais rápido ou mais longe que as outras pessoas? A menos que você seja um praticante de marcha atlética, não há razão para tentar aperfeiçoar ou melhorar sua caminhada. E mais, cada nova caminhada repete e varia as anteriores. Não é possível cruzar a mesma rua duas vezes. O poeta americano A. R. Ammons observa em "Corsons Inlet" que "amanhã, uma nova caminhada é uma nova caminhada", ainda que realizada no mesmo território. Para Ammons, que andava sem rumo pelo terreno arenoso do sul de Nova Jersey, uma duna é tanto um evento temporal — sempre mudando de formato devido aos ventos e ao clima — como espacial.

O clima, a distância e a certeza de uma paisagem pouco atraente ou de uniformidade tediosa nunca desanimaram Ammons ou Kant, o qual ficou conhecido por jamais ter saído de sua cidade natal, Königsberg, mas que perambulava por ela todos os dias. Nada impediu Søren Kierkegaard de caminhar e pensar em Copenhague. "Quando tenho um problema, ando, e andar o melhora", o filósofo circunspecto comentou. Em uma carta para a sobrinha Jette, ele continua: "Não perca o desejo de caminhar; todos os dias, caminho até atingir um estado de bem-estar e assim me mantenho distante de qualquer doença; algumas de minhas melhores ideias surgiram durante minhas andanças e não conheço ideia que seja tão incômoda que não possamos nos livrar dela caminhando." Caminhar limpa, clareia, provoca e repara a mente.

Nem o clima nem a rotina impediram dois dos mais famosos poetas-caminhantes americanos de andar de casa para o trabalho e vice-versa. Wallace Stevens diligentemente andava quilômetros de casa até o escritório de seguros, no centro de Hartford, compondo poemas mentalmente. Mais tarde, Howard Nemerov andava de sua casa, nos subúrbios de St. Louis, até as salas de aula e ao escritório, na Washington University, observando frutos de carvalho, folhagem, cães da vizinhança, mudanças climáticas e a vida cotidiana que se tornou a matéria-prima de sua poesia. Até mesmo quando acompanhado, ele raramente falava enquanto caminhava. Seu colega, o filósofo Richard Watson lembra: "[Nemerov] costumava andar de casa para a universidade com minha mulher Pat (professora de antropologia) e não dizia uma palavra sequer até se separarem, quando então ele sempre dizia 'upa, upa, sempre um prazer' e se afastava andando tropegamente." Antes disso, no Bennington College, em Vermont, Nemerov caminhava com o romancista Bernard Malamud e, de acordo com Watson, "eles costumavam fazer longas caminhadas juntos, quase todos os dias, e Howard nunca dizia uma palavra. [Malamud] dizia que isso, a princípio, o perturbava, mas Howard obviamente gostava das caminhadas, 'então eu simplesmente continuava tagarelando'". O erudito Roger Gilbert escreveu um livro inteiro, *Walk in the World*, sobre o tema das caminhadas dos poetas. Eles não caminham — pelo menos não é o principal motivo — para melhorar o sistema cardiovascular. Eles o fazem para se concentrar, um processo que envolve tanto as observações inteligentes de Nemerov quanto as mais profundas e recônditas de Stevens. Paul Klee disse sobre suas pinturas: "Levo uma linha para passear." Alexander Calder poderia ter dito o mesmo sobre seus móbiles e esculturas abstratas, pegando um arame e esticando-o até atingir a plenitude tridimensional. O artista inglês Richard Long se apropriou de forma literal do aforismo de Klee quando criou sua *Line Made by Walking* [Linha feita pela caminhada] em 1967; ele desenhou uma linha com os pés, de modo que o caminhar se tornou o meio concreto e o tema de sua arte.

Aqueles artistas que trabalham com palavras e ideias, e não com objetos materiais, sabem, melhor que ninguém, como o pensamento e o movimento ocupam esferas separadas, porém paralelas. Em vez de levar uma linha para caminhar, os poetas caminham para criar uma linha poética, ou todas as linhas de poemas inteiros. O processo de caminhar envolve mente, corpo e respiração (literalmente, o espírito) em um processo harmônico que, ao mesmo tempo, libera e excita diferentes tipos de energia. Wordsworth, que sempre odiou o ato de pegar a caneta para escrever — ele ficava literalmente nauseado —, costumava caminhar em seu jardim, para cima e para baixo, compondo mentalmente e, assim, criando uma analogia entre os giros de seu corpo e os das linhas dos versos. E certamente não foi por coincidência que Coleridge deixou de escrever versos que não rimam em pentâmetros iâmbicos, aquele ritmo básico da língua inglesa, quando parou de andar por prazer.

Os passeios a pé costumavam ser um hábito americano, mas deixaram de ser há muito tempo. Ainda permanece um hábito poderoso na maioria dos países europeus, sobretudo no Mediterrâneo, onde uma sesta vespertina faz sentido durante o calor do dia, seguida de um novo despertar, no final da tarde, e depois uma caminhada, uma *passeggiata* ou, nos países germânicos, um *Spaziergang*. O ritual de cortejo do *paseo* permite aos casais jovens ficarem sozinhos em público. Passeando num fim de tarde de verão, em um domingo, na Colina Janiculum, em Roma, percebi que, entre os caminhantes — jovens e idosos, gordos e magros, solitários, casais e grandes grupos —, as únicas pessoas que se movimentavam com um passo mais intenso eram os corredores americanos determinados. Eles não percebiam as árvores de pinho, as paisagens e o ar fresco; eram impenetráveis a tudo, exceto à sua taxa de batimentos cardíacos e à tarefa a ser executada. O crepúsculo suave começava a cobrir com seu manto as colinas e paisagens. As famílias andavam vagarosamente, com educação e de braços dados. A cena e a paisagem me fizeram lembrar da descrição de Roma, feita por Garibaldi, como "o maior teatro do mundo". Correr nunca pareceu tão inapropriado, tão desnecessário e tão moderno. A canção de Irving Berlin do musical *Miss Liberty*, "Let's Take an Old-Fashioned Walk" [Vamos dar uma caminhada à moda antiga], especifica uma atividade que era antiga até mesmo em 1948; isso seria definitivamente impensável hoje em certos quarteirões. Idem em sua música "Easter Parade" — que é, na verdade, um passeio, *não* uma parada — imortalizada no filme *Desfile de Páscoa*, de 1948, que termina com Judy Garland, Fred Astaire, Ann Miller e seus cachorros flagrados por fotógrafos numa avenida.

Os prazeres de meramente circular, de caminhar nas cidades, são diferentes dos de marchar, fazer trilhas e escalar, em florestas, colinas e montanhas. Primeiramente, a atividade em si é menos vigorosa. Em segundo lugar, pode-se caminhar nas cidades sozinho, enquanto é melhor escalar uma montanha acompanhado. Apesar de tudo que se fala sobre seus poderes restauradores e saudáveis, a natureza pode, de certa forma, ser atemorizante, o que a cidade dificilmente é. Em uma manhã outonal prematura, em um sábado de agosto, decidi fazer um passeio pelo campo. Estava em Berkshire Hills, na região oeste de Massachusetts. Dirigi-me até uma colina que já escalara muitas vezes, mas não o fazia há duas décadas. Lembrava-me dela como nem um pouco intimidante; na verdade, até mesmo fácil. Estacionei, encontrei a trilha e comecei a subir. O sol coloria os caminhos; marcas azuis pintadas nas árvores marcavam a rota. O ar estava revigorante e seco. Subi. Após 15 minutos ouvindo apenas o som do vento nas árvores e o murmúrio dos pinheiros, comecei a sofrer — do que deveria chamar aquilo? — de ataques de pânico moderados ou delírios. Então, pensei: "Há ursos aqui? Eles atacam pessoas? Estou seguro?"

E aí minha mente começou a girar em alta velocidade: "Imagina se caio e torço meu tornozelo? Ninguém vai me ver. E se eu gritar? Ninguém vai me ouvir. Quanto tempo será preciso para que alguém me encontre? Bem, tenho um telefone celular." A tentativa de me convencer não funcionou. Procurei no bolso e descobri que deixara o telefone no carro. Então nada de ajuda em caso de uma crise. Nesse momento, eu chegara a uma parte do terreno que parecia especialmente íngreme, escorregadia e molhada. Chovera na noite anterior. Embora tivesse sido relativamente fácil continuar a subir, pensei na volta potencialmente traiçoeira colina abaixo. Escalar exige pouco de alguém que esteja em forma física decente. É só não perder o equilíbrio. Trabalhar contra a gravidade. Descer é onde reside o perigo. Você pode escorregar, tropeçar, levar um tombo e quebrar uma perna. Lembrei-me disso, invertendo as famosas palavras da Sibila de Cumas no Livro 6 da *Eneida.* Ela chama a descida ao mundo dos mortos de a parte mais fácil — afinal, todos morrem —, a volta é que exige um milagre: "*Facilis descensus Averno... sed revocare gradum, hoc opus, hic labor est.*" Um escalador vigoroso sabe a verdade: a carga e o esforço físico são maiores na descida, não na subida.

Então, decidi voltar. Como Wordsworth subindo os Alpes aos 20 anos, quando em férias de verão de Cambridge, eu "ainda tinha esperanças que apontavam para as nuvens", mas também, como Wordsworth, eu me decepcionei. Em seu caso, ele cruzara os Alpes inadvertidamente e seu caminho adiante era morro abaixo. No meu, o medo puro e simples impediu que eu obtivesse um triunfo simbólico e me deleitasse no topo do morro após meus esforços.

Se estiver sozinho, é melhor ficar pelas ruas da cidade.

Então, vou para Londres — da mesma forma que frequentemente vou a Veneza, aquela cidade singularmente labiríntica onde se está sempre, mas nunca realmente, perdido — para dar uma caminhada. Caminhar por cidades desconhecidas, ou por aquelas que conhecemos ligeiramente, com um mapa à mão, mas muitas vezes ignorado, proporciona um prazer imenso, diferente mas equivalente àquele obtido nos passeios pelo campo. Além de Manhattan, Londres e Veneza são as metrópoles que mais conheço. Paris vem logo atrás delas. Caminhar pelas cidades oferece a combinação maravilhosa de solidão e sensação de estar acompanhado. Estar só na multidão não significa estar sozinho de forma alguma, exceto nas cavernas da própria consciência. A mente trabalha constantemente, mas sempre me pareceu que as ideias que aparecem para mim enquanto caminho são, de alguma forma, mais afiadas, interessantes e surpreendentes do que outras que surgem, digamos, no carro ou no chuveiro. No Dia de Finados, ano passado, andando sozinho na cidade de Nova York, tive uma inspiração vívida e depois uma recordação de um dia parecido exatamente vinte anos antes. Dois amigos e eu deixamos Manhattan num conversível em uma manhã brilhante e ensolarada de férias, atravessamos o East River e o Queens em direção a Brighton Beach e Coney Island. Porém, pegamos o caminho errado e terminamos na ponte Verrazano Narrows, chegando por fim a Staten Island, e então dissemos: "Que diabo, já estivemos em quatro dos cinco bairros da cidade!" Dirigimos de volta para casa pelo Bronx só para podermos dizer que *visitáramos* toda a Nova York em um dia lindo, em um carro conversível. Nossa aventura motorizada foi exatamente o contrário de uma experiência de caminhada, mas agora ela vive duplamente em minha memória (em sua forma original e na epifania subsequente): a semelhança do clima trouxe uma lembrança proustiana, anos mais tarde, a pé. Outro passeio de carro provavelmente não teria provocado o mesmo efeito. A lentidão é mais compatível com as operações mentais do que a velocidade.

E andar sozinho, ao contrário de acompanhado, oferece o duplo prazer de estabelecer e depois mudar o ritmo, em vez de chegar ao um meio-termo. Você anda no seu passo, não no de outra pessoa. Você pode fazer ajustes de última hora, arbitrários, se não completamente inconstantes, na direção ou objetivo, sem pedir desculpas. Você passeia com a incerteza do próprio vento, mas sempre limitado pelo asfalto e pela arquitetura circundante. Quer entrar numa loja? Fique à vontade. Quer entrar repentinamente em uma viela tentadora? Siga em frente. Sentar numa cafeteria sem motivo algum? Sem problema. Quer sair do caminho e cruzar uma ponte só para ver a vista do outro lado e depois retornar? Ninguém o impedirá. Você é o condutor, o chefe. "Viaja mais rápido quem viaja sozinho", disse Robert Louis Stevenson, e isso vale para meras caminhadas urbanas, assim como para peregrinações mais exóticas. Devagar ou rápido: você ajusta o passo porque embarcou numa aventura que é a vida em miniatura.

No Ocidente, apenas no passado recente as cidades ficaram seguras e limpas, menos perigosas e, portanto, atraentes para os caminhantes ociosos. No século XVIII, poucas pessoas andavam pelas ruas da cidade por prazer. A vida delas corria risco todas as vezes que colocavam o pé para fora de casa. Lixo e ladrões estavam por todos os lados. As cidades eram nojentas. No início daquele século, *Trivia: or the Art of Walking the Streets of London*, de John Gay, está repleto de advertências. No final do mesmo século, em "Londres", William Blake lista as paisagens e, ainda mais poderosamente, os sons da cidade, porém nenhum deles é agradável: "marcas de fraqueza, marcas de desgraça", "as algemas forjadas pela mente", "o grito do limpador de chaminés", "o suspiro do soldado" e "a maldição da jovem prostituta". Boa parte do horror ainda existe, claro, embora empurrada para a periferia, juntamente com outros sinais de depravação e feiura, e muitos dos maiores destinos urbanos desenvolveram um tipo de abordagem do turismo que faz lembrar a de um parque temático. Pense na Times Square.

No entanto, o que excita é a combinação do cotidiano com o inesperado. Rebecca Solnit escreve que as cidades têm a oferecer "o anonimato, a variedade e a conexão, qualidades mais bem-apreciadas quando caminhamos". A essas, eu acrescentaria uma quarta: a surpresa. Obtemos prazer em estar numa vizinhança que parece, em parte, com a nossa, mas é, obviamente, estranha. E a conjunção de semelhança e diferença oferece uma emoção adicional. Uma padaria em St. Louis não é o mesmo que uma na Île St.-Louis, em Paris, mesmo que elas tenham doces praticamente idênticos. Coincidências e encontros humanos ocorrem com frequência tanto em terrenos estrangeiros quanto em familiares, mas os que ocorrem no exterior sempre sobrevivem aos domésticos na memória.

Em Londres, lembrei-me da sra. Dalloway, de Virginia Woolf, que sai para passear em uma bela manhã de junho com o objetivo de comprar flores para uma festa e inspira a mistura embriagante de frescura e beleza de um dia de primavera. Qualquer turista em Londres pode experimentar uma rica mistura sinestésica de sedução. "Adoro caminhar em Londres... É muito melhor do que no campo", Clarissa diz ao amigo Hugh Whitbread, que encontra em Westminster. As manhãs são melhores. Uma caminhada matutina oferece a excitação e a promessa de um novo dia, com o sol nascendo e a possibilidade de surpresas, de encontros casuais com amigos. As manhãs simbolizam a esperança. Por outro lado, até mesmo Henry David Thoreau, o apóstolo americano das manhãs, tinha algo interessante a dizer sobre caminhadas noturnas. Ele achava "necessário ver objetos à luz da lua, assim como à luz do sol, para obter uma noção completa deles". Em seu diário, Thoreau escreveu que, ao anoitecer, "começo a me distinguir, quem sou e onde estou... A luz intensa do sol não é adequada para a meditação, faz meu pensamento perambular". Na névoa orvalhada, "pareço estar mais perto da origem de tudo"; ao luar, "nosso lado espiritual assume uma forma mais distinta, como nossa sombra que vemos nos acompanhando". Nos bosques, no campo, caminhar à noite ou na sombra inspira a meditação, a contemplação e o autoconhecimento. No tumulto da cidade durante o dia, é mais provável que, além de se perder, também perca os pensamentos sobre si mesmo. Tudo é superficial; não há profundidade, apenas variedade. Você é engolfado pelo mundo externo e está em contato com ele, aquele mundo que não se importa de jeito algum com sua presença.

Porém, como se estivesse fazendo uma caminhada, divago. A sra. Dalloway caminhava vagarosamente em solo doméstico. Eu não. Para alguém como eu, há tanto tempo residente no Texas, a mera presença de lilases aromáticos em floração e pinheiros florescendo majestosamente (ambas são espécies desconhecidas em Dallas) prometia felicidade dos sentidos. Fui a Londres só para ver algumas árvores? Talvez. Conhecidos na infância, mas agora também exóticos após meus anos de exílio, os lilases aromáticos e os pinheiros de grandes raízes me emocionaram. "No triunfo, no tinir e no estranho canto agudo de algum avião que passava lá em cima, estava o que ela amava; a vida; Londres; esse momento de junho": esta é a homenagem de Woolf ao momento em que todos saem para o ar livre, seja após um inverno úmido ou, como a sra. Dalloway, após os horrores da guerra. As temperaturas amenas, a possibilidade sempre presente de neblina e chuva, a necessidade de vestir camadas de roupas (colocar a capa de chuva, tirar a capa de chuva; abrir o guarda-chuva, fechar o guarda-chuva), tudo significa que uma caminhada inglesa será uma atividade física que envolve diversas condições somáticas.

Da mesma forma que o Central Park é a maior obra de arte de Manhattan, assim também o Hyde Park, o Kensington Gardens, o Regent's Park e outros grandes espaços verdes no centro de Londres dão à natureza uma chance de prosperar em meio à vida urbana: *rus in urbe*, como diz Horácio. O Hyde Park é democrático, vasto e aberto, com campos para jogos e caminhos para cavalgadas, corredores e caminhantes, pessoas que se dirigem a algum lugar e outras que não vão a lugar algum; rápido ou devagar, não importa. A Russell Square e as praças menores de Bloomsbury, com fontes e esculturas, também oferecem florescimento sazonal, odores que combatem a fumaça dos carros e bancos muito bem-vindos. Em uma escala ainda menor, e de maneira diferente, a quietude misteriosa das praças residenciais cercadas de Londres, das quais apenas os moradores possuem a chave da entrada, nos dá um acesso visual tentador a espaços nos quais não podemos penetrar.

Essas praças particulares inacessíveis servem como oásis de calma a um quarteirão de ruas importantes. Afastando-se do Victoria and Albert Museum e da confusão da Old Brompton Road, chega-se a Onslow ou a Harrington Gardens, ou a The Boltons, jardins e praças que parecem ser de outra época, assim como de uma dimensão física inteiramente diferente. Tornamo-nos conscientes de um ritmo espacial ao passarmos de áreas comerciais grandiosas e abertas para as domésticas e particulares. Esse ritmo talvez ainda seja mais evidente em Paris, onde a dignidade suntuosa dos *grands boulevards* de Haussmann se encontra com os espaços íntimos das ruas menores que saem deles e levam a pequenas áreas isoladas que sempre parecem ser ruas sem saída, mesmo que não sejam. E, sobretudo quando o crepúsculo começa a cair nessas duas cidades, sentimos o prazer correspondente de captar vislumbres da vida dentro das casas, da mobília, das pinturas e, às vezes, dos próprios residentes, que, sem intenção, se tornam disponíveis aos transeuntes.

Como espectador, participamos de forma indireta da vida alheia. Imaginamos como seria estar do lado de dentro. A janela da sala é também um espelho dos sonhos e inspirações mais agradáveis e audazes de outrem. Ocorreu-me que uma única pessoa, olhando de dentro para fora, está inevitavelmente mais isolada do que outra, olhando de fora para dentro. Todas as pessoas solitárias das pinturas de Edward Hopper, alienadas e solitárias, mesmo quando em grupos, habitam espaços interiores. Estar isolado — em um jardim fechado ou em uma sala de estar aquecida por uma lareira brilhante — encoraja sentimentos compensatórios de calor imaginativo. O sentimento simultâneo de comunidade e singularidade se torna mais evidente nos ambientes urbanos.

Avessa a aviões, a poetisa americana Amy Clampit viajava de ônibus sempre que possível. Ela dizia que essa era uma forma de ficar sozinha com outras pessoas. Uma caminhada solo pela cidade pode fornecer a sensação de invisibilidade — o “globo ocular transparente”, de Emerson, em Concord Common, e “sou uma câmera”, de Christopher Isherwood, em

Berlin Stories — e ao mesmo tempo alimentar você com a satisfação de se misturar à multidão. Simplesmente esbarrar em outras pessoas nas esquinas das ruas garante um contato humano maior do que uma vida inteira de viagens em carros refrigerados e com as janelas sempre fechadas. Deleitar-se sozinho enquanto caminha na companhia de estranhos é o equivalente móvel a uma reunião quacre fixa. A caminhada aumenta tanto a consciência interna quanto a empatia imaginativa com as outras pessoas. Semelhante a dançar, caminhar se torna um exercício de civilidade. Você encontra pessoas, amigos ou, em geral, estranhos; lida com eles; dá-lhes a vez, abre uma porta para eles, ou ajuda uma senhora idosa a cruzar uma rua no sinal. Você abre mão, cede a vez quando transita por uma rua ou a cruza. É mais provável que você demonstre essas cortesias a pé do que quando amarrado àquele pedaço de metal de duas toneladas mais conhecido como automóvel. A violência no trânsito não tem um equivalente para pedestres. Sim, você pode esbarrar em alguém na rua e se sentir momentaneamente irritado, mas é improvável que puxe uma arma e a aponte para alguém que cortou a sua frente ou que o atrapalhou. A polidez caminha; ela não anda em excesso de velocidade.

Como toda viagem, seja de que forma for, a caminhada significa mudança. Do mesmo modo que se experimenta o lugar-comum e o exótico simultaneamente, ou um logo após o outro, também podemos nos aprimorar quando viajamos. Tal reinvenção, ou mesmo automodificação modesta, talvez nunca ultrapasse os limites da própria consciência. Esta é outra vantagem esplêndida de se viajar sozinho: você pode se recriar. Pode adotar um disfarce sem nem mesmo colocar uma peruca ou mudar de roupa. Você assume uma *persona* diferente. E é divertido passear — como frequentemente descobri — pelas galerias de arte de Nova York, pela New Bond Street, em Londres, ou por qualquer outro lugar em Mayfair, e fingir ser um colecionador sério. Em meu caso, meu disfarce (nunca, tenho certeza, convenci ninguém por um momento sequer) é o de um magnata de petróleo texano, bem-versado e um pouco excêntrico, que se interessa por tudo que a galeria exibe. Os funcionários das galerias são contratados e treinados para ter bons modos e, portanto, eles e eu participamos de um jogo de sedução mútua.

Não estar em solo pátrio é útil, mas não é algo necessário para esse jogo. Na última primavera, entrei na Christie's, no Rockefeller Center, que na época se preparava para o grande leilão de primavera de artes dos séculos XIX e XX. O lugar era como um museu com entrada franca. Em uma sala, estudava detalhadamente uma linda caixa de Joseph Cornell, um mundo surreal mágico em miniatura, quando olhei para a esquerda e vi Steve Martin. Encarei-o, e ele a mim, e lá estávamos nós: dois homens do mundo examinando uma compra potencial. "Vou disputá-la com você", disse. Ele sorriu, deixando o campo inteiramente livre para mim, e cada qual foi para seu lado. Nunca saberei se sua excursão foi bem-sucedida, se ele realmente procurava comprar algo, ou apenas — como eu — olhava, mas sua presença fortuita certamente tornou memorável minha experiência, mesmo sem eu ter comprado nada. Olhar vitrines de lojas não custa um centavo sequer e é quase tão divertido quanto comprar.

O prazer nesses fingimentos modestos nunca deveria obscurecer o fato real de que, como Emerson comentou, "viajar é o paraíso do tolo". "*Coelum non animum mutant qui trans mare currunt*" [Aqueles que cruzam os mares mudam suas paisagens, não suas almas], disse Horácio. Você pode fingir ser um conhecedor de artes, um milionário, um boêmio, mas, aonde for, ainda será você mesmo. Emerson também disse: "Em casa, sonho que, em Nápoles, em Roma, poderia me extasiar com a beleza e perder minha tristeza. Arrumo a mala, abraço amigos, embarco em um navio e, finalmente, acordo em Nápoles. Lá, ao meu lado, está o fato austero, o eu triste, rígido e idêntico do qual fugi. Procuro o Vaticano e os palácios. Finjo me extasiar com paisagens e sugestões, mas não me extasio. Meu gigante vem junto comigo para onde eu for."

Contanto que você se sinta confortável com seu próprio gigante, não há problema algum em fingir haver outro gigante fictício. O eu — triste ou alegre — pode aceitar modificações modestas ou até mesmo, às vezes, grandes, ajustes que vêm com a mudança, mesmo que seja uma troca de ares. O objetivo da caminhada é obter prazer, mas com frequência se reveste da postura, da aparência, da intencionalidade.

Para muitos turistas, comprar representa o objetivo e a intencionalidade. Dependendo do câmbio, os americanos vão à Europa atrás de pechinchas. Atualmente, é o contrário. Amigos italianos me dizem que vão a Manhattan não para comprar produtos eletrônicos americanos ou japoneses, mas para procurar por roupas Armani e Missoni, que, por alguma razão compreensível apenas aos economistas internacionais, é mais barata para eles no exterior do que em seu próprio país. É fácil ridicularizar os consumidores, mas comprar continua sendo uma atividade viável, importante e, na verdade, interessante; portanto, há muito tempo parei de empinar o nariz para os grandes grupos de compatriotas comprando cerâmica Wedgwood ou *tweed* Harris, caxemira escocesa, prata antiga, ou qualquer objeto que desejem na Inglaterra. Um dos prazeres de meramente circular, como Baudelaire e Walter Benjamin conheciam bem, é ser seduzido no meio do passeio, ficar encantado por alguma vitrine atraente que encoraja o não comprador a olhar, entrar, entabular uma conversa e, depois, talvez, comprar. Todo turista de primeira viagem sente a necessidade de levar presentes para a família e para os amigos; a maioria das pessoas sensatas já desistiu de fazer isso, simplesmente porque, em uma economia internacional baseada na internet, é bem possível que não haja mais pechinchas e, certamente, tudo está disponível em todos os lugares ao mesmo tempo.

Há alguns anos, em minha primeira viagem a Roma, eu — um não comprador inveterado na vida real — tive uma experiência afortunada que nunca ocorreria se minhas motivações não tivessem sido olhar vitrines e depois comprar. Andando pela Via Giulia, vi uma loja que vendia produtos de couro. Na vitrine, havia vários chaveiros; cada um era uma corrente com um retângulo de couro pendurado e uma letra ou duas em relevo. Achei que vários desses itens pequenos — leves, inquebráveis e baratos — seriam presentes perfeitos para meia dúzia de pessoas que poderiam se encantar com eles. Havia esquecido meu dicionário de italiano, mas, sempre confiante, entrei na loja. "*Buon giorno, signore*", disse ao vendedor, que respondeu "*Buon giorno*". Fiz meus cálculos, utilizando meu italiano — composto, em partes iguais, com base em cardápios de restaurante, Dante e óperas — e então prossegui: "*Quanto costano questi anelli di chiave nella finestra?*" Ele olhou sem entender nada e encolheu os ombros. Então, repeti mais alto e devagar. Parece ridículo, mas os linguistas nos asseguraram que esse comportamento é natural, universal e, na verdade, até mesmo útil. Formulei a pergunta mais uma vez: "*Quanto costano questi anelli di chiave nella finestra?*" Ele continuava a não demonstrar sinal algum de compreensão, então o levei para fora e apontei para os chaveiros na vitrine. Eu havia calculado da seguinte forma: por conhecer francês melhor do que italiano (embora tudo acabe se tornando um tipo de esperanto quando falo), achei que *finestra* deveria ser o equivalente de *fenêtre* [janela]. E então havia Puccini. No primeiro ato de *La Bohème*, Mimi procura por sua *chiave* na escadaria escura; e em *Gianni Schicchi*, a heroína canta para seu *babbino caro* que ela deseja ir até a Porta Rossa *per comprar' un anello*. Assim, "Quanto custa aquele chaveiro na vitrine?" virou, em minha tradução, uma pergunta que achei que qualquer romano sensato seria capaz de entender.

Evidentemente, eu estava errado. Como ficou óbvio, a palavra apropriada para vitrine é *vetrina*, e o chaveiro é um "porta-chaves", um *portachiavi*. Após termos nos entendido e dado boas risadas, fiz minhas compras, e fechamos o negócio com uma taça de *grappa*. O que começara como uma *passeggiata* acabou virando uma modesta investida em compras e depois um encontro pessoal com uma piada poliglota como clímax. Eu não poderia ter ficado mais satisfeito. Para um acadêmico literário que não é chegado a aventuras físicas perigosas (nada de escalar as cordilheiras do Himalaia, cruzar o Saara de motocicleta, viajar para os polos, ou mesmo acampar à noite sob as estrelas), meus momentos de viagem mais excitantes ocorreram naqueles países civilizados em que conheço o suficiente da língua para me sentir desafiado, mas não o suficiente para me sentir fluente. É a combinação perfeita: desconforto e incerteza moderados, mas nunca medo e tremor.

Lembro-me ainda de outra história — também linguística, porém não comercial. Em minha única visita à Alemanha, voara de Dallas até Frankfurt, uma viagem de dez horas. Esperei várias horas por um trem e depois rumei para o sul, em direção a Bayreuth, na Bavária, fora da temporada. Chegando ao hotel numa linda manhã de outubro e totalmente exausto da viagem, nem pensei em deitar, com medo de nunca mais me levantar. Em vez disso, consultei o mapa e subi a pé a colina sagrada até o Festespielhaus de Wagner para lhe prestar homenagem. Depois, desci novamente até a cidade, cujo centro é fechado ao tráfego de automóveis. Descansei em um banco, já tendo encontrado meu lugar e guardado o mapa que vinha consultando. Duas alemãs, turistas de idade avançada, se aproximaram e perguntaram: "*Entschuldigen Sie, aber ist das das Neue Schloss?*" "*Nein, gnädige Frauen*", respondi imediatamente. "*Das ist nicht das Neue Schloss sondern das Alte Schloss. Das Neue Schloss ist um die Ecke.*" "*Danke schön*", elas disseram, e "*Bitte schön*", disse, após o que comecei a rir, inspirado por minha excelente sensibilidade de guia de turismo e um ano de alemão para iniciantes, cursado décadas antes e lembrado de forma imperfeita. Eu fora útil. Senti-me uma autoridade. Mostrara — mais ou menos — certa intimidade com um lugar e uma língua, nenhum dos quais eu jamais poderia razoavelmente afirmar conhecer. E tudo isso porque decidira dar uma caminhada. Quem precisa de viagens espaciais quando as aventuras da vida cotidiana podem fornecer tanto divertimento inesperado? Eu não.

Quando a língua muda, caminhar e toda a aventura exploratória também mudam, como demonstram as duas histórias que contei. Porém, de todas as cidades do mundo, Veneza é a que mais completamente satisfaz minha ânsia por caminhar, tanto por razões óbvias quanto por outras mais pessoais. Mesmo que alguém esteja semienfermo ou escolhe confiar quase exclusivamente em gôndolas, táxis aquáticos e elevadores, os pés continuam sendo o principal meio de transporte. As pontes sobre os canais são, em sua essência, máquinas de exercício tipo "step" *avant la lettre.* A vida como pedestre é tudo que

Veneza pode oferecer, mas a cidade compensa de várias formas as exigências das caminhadas. Tornou-se agora um clichê dizer que a cidade foi congelada no tempo, tornou-se um museu vivo, ou mesmo um parque temático; que ela existe apenas como uma atração turística ou um ponto de venda superdimensionado cuja população em tempo integral caiu para bem menos de cem mil; que a vida em La Serenissima se tornou um mero simulacro; e que a cidade nunca entrou no século XX, muito menos no XXI. Tudo isso é verdade e irrelevante. Os viajantes elisabetanos de Veneza reclamavam da comida ruim e dos preços escorchantes; os canais sempre exalaram vapores fedorentos; a *acqua alta* piorou e a cidade afunda desde sempre. A casa de ópera apropriadamente chamada Fenice simboliza a imortalidade da cidade inteira: ela arde em chamas, ressurge das cinzas e, depois, a arte e a vida continuam.

Tudo que podia ser dito sobre Veneza já foi dito, inclusive o fato de que tudo já foi dito. No entanto, todo visitante tem a sua história para contar, única para ele, embora lembre a dos outros. (Alguns anos atrás, eu caminhava atrás de um grupo de turistas do Meio-Oeste que claramente não fizera *nenhuma* leitura preparatória para a viagem. A senhora à minha frente virou-se para sua companheira e disse com admiração: "Você quer dizer que eles não têm carros em lugar algum de Veneza?") Em minha primeira viagem a Veneza, vinte anos atrás, me hospedei em uma *pensione* na Zattere, com vista panorâmica para a ampla extensão do canal Guidecca. Ao lado, um estabelecimento semelhante afixou uma placa anunciando que Ruskin vivera lá. Ambos procuravam atrair principalmente os turistas ingleses, e as refeições — tanto o jantar quanto a ceia — pareciam favorecer uma *entente cordiale* culinária: espaguete cozido demais com molho de tomate enlatado seguido por rosbife bem-passado e batatas. Quem se importa? Levantei na primeira manhã, olhei pela janela para o canal e para a vista do mar e disse a meu companheiro: "Ah, que bom, tudo continua lá." Veneza decepciona algumas pessoas; seu ambiente de terra de fantasia nunca deixa de me cativar. Em nosso segundo dia na *pensione* inglesa, na refeição do meio-dia, encontramos Olga Rudge, a companheira vitalícia de Ezra Pound e agora essencialmente sua viúva há 15 anos. Ela era pequena e parecida com um pássaro, e, embora o clima estivesse quente, vestia um casaco de peles. Escoltada por um acadêmico americano fogoso e ávido por informações sobre Pound, ela parecia feliz em encenar o papel de "guardiã da chama" e contava histórias a todos que se interessassem, enquanto tomava café.

Na noite seguinte, fomos jantar em um restaurante que nos fora recomendado, apropriadamente chamado de La Corte Sconta, o pátio escondido. Esse pátio era tão bem-escondido que era impossível obter direções claras sobre como chegar lá. O *padrone* prestativo do hotel nos disse: "É só pegar o *vaporetto* número cinco, saltar em San Zaccaria e perguntar a alguém lá." Obedientes, fizemos exatamente isso. Perguntamos à primeira pessoa com aparência de habitante local do *riva* como chegar ao restaurante. "Ande ao longo desse canalzinho, vire à direita e depois pergunte a alguém", ela disse. E assim foi: andar cem metros, virar à esquerda e perguntar. Andar cinquenta metros, virar à direita e perguntar. Fizemos isso até chegar ao restaurante, escondido em um lugar bem distante e, no entanto, não tão longe assim. Ao voltarmos para casa, revertemos o processo; não nos ocorrera deixar um rastro de migalhas de pão, que provavelmente teriam sido comidas pelos pombos antes que pudéssemos fazer uso delas. Em outra visita, sozinho, tentei encontrar o restaurante recomendado e andei por quarenta minutos antes de voltar para o hotel e perceber que, se tivesse virado à esquerda, e não à direita, quando saí pela porta da frente, estaria a trinta segundos do meu destino.

Em seu livro de 1969, *Streets for People: A Primer for Americans*, Bernard Rudofsky levanta a provocante questão de que Manhattan não é uma cidade muito boa, muito menos espetacular, para perambular, precisamente por causa de suas grades retangulares. (Presume-se que ele daria notas mais altas para a velha Nova York, toda a extensão ao sul da Fourteenth Street, com seus labirintos e recantos escondidos do século XVIII.) Rudofsky prefere as cidades italianas com suas *piazzas*, praças grandes e pequenas, que funcionam como abrigos, ou pontos de encontro que oferecem às pessoas abertura, camaradagem e sentimento de comunidade nas pausas entre suas caminhadas linear pelas ruas. De acordo com esse padrão, Veneza deve ser a cidade mais civilizada da Europa, não apenas na Praça de São Marcos, que Napoleão chamou de a maior sala de estar do mundo, mas também em todas as praças menores, onde crianças jogam futebol, avós fofocam e vigiam seus filhotes, turistas descansam os pés esgotados, todo mundo toma sorvete e, quando o tempo está bom, pega sol após andar nas sombras das travessas estreitas. "Numa hora, uma paisagem; em outra, um cômodo", assim Walter Benjamin chamou Paris em seu ensaio famoso sobre Baudelaire. No Mediterrâneo, sobretudo quando faz calor, as fronteiras entre o exterior e o interior se tornam permeáveis. As esferas pública e privada se misturam com alegria; a vida familiar pode ser vivida ao ar livre, o que, consequentemente, torna a definição de "vida privada" um tanto paradoxal.

Se os *campi* ou praças venezianos, grandes como os *Campi* Santa Margherita e San Polo, e os menores, minúsculos, fornecem oportunidades para a sociabilidade — experimentada ou meramente observada —, outros espaços abertos em Veneza nos expõem à depressão, ao isolamento e à frieza existencial. É sempre fácil livrar-se disso tudo, mesmo em uma cidade tão pequena. Quando você se afasta dos locais mais turísticos — de São Marcos, da Accademia, do Rialto, da estação ferroviária —, percebe que Veneza é constituída de pequenos enclaves e espaços relativamente vazios, em uma combinação de vida doméstica simples e paisagens silenciosas, casas que parecem vazias, a vida humana trancada em seu interior ou há muito desaparecida. O bairro de Castello, com Arsenal a leste de São Marcos, é um espaço aberto relativamente plano com uma via única e reta, a Via Garibaldi — a tentativa de Napoleão de planejamento urbano —, que parece com qualquer rua comercial modesta em qualquer cidade italiana. Principalmente na parte norte da cidade, ao longo da Fondamenta Nuove, em Cannaregio, distrito de Tintoretto, tem-se uma sensação de exposição à natureza: a lagoa se estende por todos os lados. Tal exposição é frequentemente um alívio para a claustrofobia que muitas pessoas sentem no labirinto da cidade. Ela também nos faz lembrar da vida real.

Embarcações turísticas enormes enchem a bacia de São Marcos e se perfilam ao longo da boca do Grande Canal. Grandes navios de carga e navios comerciais penetram o Canal Guidecca e o espaço setentrional da lagoa, que dá acesso à cidade industrial de Mestre, no continente, a residência de muitas das pessoas que, na verdade, trabalham em Veneza. O ritmo espacial que observei em Londres existe de uma forma mais espetacular e, ao mesmo tempo, mais sutil em Veneza e, com frequência, se movimenta de maneira oposta. Em Londres, por diversas vezes, buscamos a pausa refrescante oferecida por praças e parques pequenos, mesmo que sejam exclusivos, trancados e proibidos, como uma forma de evitar o burburinho da cidade. Em Veneza, muitas vezes sentimos um desejo de expansividade, atividade e — sim — sinais da vida normal. Em minha primeira viagem veneziana, peguei o *vaporetto* para o Lido, não apenas para andar pela praia e ver os cassinos, mas também para obter uma pequena dose de modernidade urbana. A ilha do Lido tem ruas. E árvores e gramados. Tem carros! Na época, ela me fez sentir um pouco mal-agradecido, até mesmo grosseiro, mas nunca fiquei tão feliz por ser lembrado do motor à combustão interna de Henry Ford: cheirar os vapores da gasolina. Senti que cheirava o ar da vida real e podia então voltar para os recintos de ar rarefeito dos museus venezianos, *palazzi* góticos, igrejas paladianas e galerias apertadas com conforto e segurança. Até mesmo em São Marcos, a nova era fez suas incursões. Em um dia de junho, vários verões atrás, eu passeava perto do Palácio dos Doges, com vista panorâmica para a bacia, e dei de cara com uma aula de *spinning* ao estilo americano, comandada por um homem agressivo que gritava ordens para todos aqueles dispostos a alugar uma bicicleta ergométrica, ouvir música de estilo rock muito alta, observar suas duas assistentes voluptuosas, vestindo roupas colantes, pedalando no palco, fazer exercícios pesados e suar bastante. Nada a ver com um passeio tradicional.

Temos uma imagem de Veneza como um lugar festeiro, um local de prazeres, o paraíso dos apostadores, a cidade do Carnaval, de máscaras e mascarados, das "queridas mulheres mortas, com muito cabelo também", de Robert Browning, as famosas cortesãs de séculos atrás. Veneza deu adeus a essas mulheres e à sensualidade há muito tempo. Suas únicas tentações genuínas — espetacularmente suficientes — atraem o olho e a mente. Mais do que uma cidade viva, ela lembra uma necrópole, no cemitério elevado na ilha separada de San Michele e nos *memento mori* em forma de personagens reais — os inevitáveis pedintes —, assim como nos mortos-vivos imaginários, como aqueles no filme assustador de 1973 *Inverno de Sangue em Veneza*, de Nicholas Roeg, ou como Gustav von Aschenbach, em *Morte em Veneza*, de Thomas Mann, desejando Tadzio e sucumbindo à ilusão, loucura e devassidão no Lido. Veneza transpira tristeza, e não apenas no inverno ou quando está enevoada. As caminhadas noturnas em Veneza são diferentes daquelas em outros lugares. Aquilo que parece sinistro ou vulgar na arte — em *Sedução da carne*, de Luchino Visconti, e em quase todos os outros filmes ambientados em Veneza, assim como em toda a literatura histórica — há muito desapareceu.

Em minha primeira viagem, certa noite, andava sozinho pelo que parecia ser uma cidade-fantasma. Literalmente é assim: todo mundo vai a Veneza de dia, mas à noite ela esvazia. Mesmo que estejamos procurando aventuras eróticas, não encontraremos nenhuma. Ela é um destino para viagens diurnas. Claro, alguns turistas passam a noite lá, mas os hotéis são caros e muitos viajantes de classe econômica preferem pernoitar no continente e ir para lá durante o dia. No entanto, a quietude de Veneza é calmante, e não amedrontadora, até mesmo no meio do inverno. Parte dessa qualidade tem a ver com a escala: você raramente olha para espaços amplos do tipo que conseguimos ver se estivermos no meio do Hyde Park à noite. Até mesmo na Praça de São Marcos, quando mais vazia, "a beleza invade todos os lugares", conforme Emerson comentou certa vez sobre a natureza, não sobre a cultura. Certa noite de fevereiro, sentei no Caffè Florian olhando para uma fina cobertura de neve na *piazza*: era como se um confeiteiro estivesse colocando açúcar sobre um bolo. Para qualquer lado que se olhasse, mesmo após as venezianas das janelas terem sido fechadas, havia sempre algum pequeno sinal de vida humana, uma luz por trás de uma cortina. Você pode ouvir passos atrás de si em uma esquina escura, mas se sentirá tranquilo, e não amedrontado. O vazio existe em uma escala humana reconfortante, e não em uma escala cósmica ameaçadora.

Veneza é um labirinto, uma confusão, mas sem um centro. O prazer de passear sem destino deriva, em grande parte, do conhecimento de que, por fim, você chegará aonde pretende — ainda que, ou especialmente, não de imediato. Veneza, como um labirinto, envolve e não frustra. Aonde quer que se vá, é possível ver placas que indicam a direção: PARA O RIALTO, PARA SÃO MARCOS, PARA A ACADEMIA OU PARA A ESTAÇÃO FERROVIÁRIA. É tão impossível se perder quanto encontrar seu destino. Não existem linhas retas nem rotas diretas, e os atalhos são conhecidos apenas pelos veteranos. Mesmo que saiba o caminho de um lugar para outro e faça a escolha pensada ou errada de se aventurar por uma viela ou uma travessa ainda inexplorada, você se perderá e descobrirá que não há rotas paralelas. Não é o mesmo que ir pela Fifth Street, e não pela Seventh Street. "Não é possível chegar lá daqui", como se diz, mas claro que é possível, e você acabará chegando.

Numa noite fria de fevereiro, fui assistir a uma conferência cultural perto da Praça de São Marcos, e, como estava hospedado com amigos perto de Frari, resolvi ir andando para casa tarde da noite, sozinho. Pensei que tivesse memorizado as direções corretas, mas evidentemente saí do caminho certo. Vi uma luz em uma pequena taverna local. Entrei e disse ao garçom: "*Buona sera, signore; io sono perduto.*" "*Ma no*", ele respondeu prestativamente. "*Lei non è perduto. Lei è qua!*" "Você não está perdido! Está aqui!" Ele estava certo: eu estava *lá*, e *lá* acabou sendo bem na esquina (se "esquina" é a palavra certa) de onde eu pretendia estar. Eu vinha da direção oposta. Norte, sul, direita, esquerda são ideias desprovidas de sentido em Veneza, mesmo de dia, quando é impossível orientar-se pelo sol, que, com frequência, é oculto por telhados, torres e ruas estreitas. Após tomar um conhaque revigorante, saí do bar, virei a esquina e cheguei em casa.

O tempo, "sempre esse Everest entre conceitos", de acordo com o falecido James Merrill, existe na vida de qualquer pessoa tanto de forma linear quanto circular. Cada um de nós avança do berço rumo ao fim inevitável. Toda a vida é como uma caminhada: algumas seguem um trajeto mais ou menos reto, enquanto outras tomam desvios inesperados e imprevisíveis. Alguns caminhos *são* diretos, outros *parecem* diretos e outros ainda são meramente errantes. As direções são claras apenas *ex post facto.* O tempo também existe em círculos, como aquelas caminhadas que fazemos todos os dias, repetindo os mesmos passos, mas com observações diferentes e em condições diversas. Deixamos nossas casas, saímos, chegamos a algum lugar e depois, na maioria das vezes, voltamos para casa. Nosso progresso diário consiste de movimentos constantes e repetidos, muito embora a repetição possa, muitas vezes, nos levar a pensar, erroneamente, que não estamos indo a lugar algum muito depressa. "The Pleasures of Merely Circulating" ["Os prazeres de simplesmente circular"], uma das supostas cantigas infantis de Wallace Stevens, começa com a canção de roda:

O jardim girou com o anjo,
O anjo girou com as nuvens,
E as nuvens giraram e as nuvens giraram
E as nuvens giraram com as nuvens.

O que soa como um tédio completo, em termos de ritmo, rima e palavras repetidas, Stevens chama de "prazeres". Como comentei no início deste ensaio, a vida pedestre dá acesso a algo maior do que experiências pedestres. A banalidade da vida cotidiana nos abre a descobertas sobre nós mesmos e o mundo. O jardim gira com o anjo, o anjo com as nuvens e, finalmente, as nuvens se dissolvem umas nas outras. Stevens começou o que parece ser uma lista, algo linear, que depois se volta para si mesma, desfazendo nossas expectativas de algo maior. Do jardim para os anjos e para as nuvens: esperamos por algo mais para seguir as "nuvens", algo como "e as nuvens giraram com os céus", mas elas são nuvens o tempo inteiro, numa intensidade suave e nebulosa. Elas são como nós. Sempre em movimento, sempre "girando" como as nuvens, nunca estamos perdidos, porque não estamos indo a lugar algum, depressa ou devagar, não importa. Como o garçom me disse naquela noite fria de fevereiro em Veneza, estamos *aqui*, seja lá onde for.

3 *Olhar*

Às vezes, você faz um voo transoceânico para dar uma caminhada. Outras vezes, atravessa um país de avião para ver uma exposição. E, apenas uma vez, você voa para Nova York para caminhar no Central Park e ver o mais recente e vistoso show de arte. Andar e ver: uma combinação inevitável. É quase impossível — para não dizer perigoso — andar com os olhos fechados. Afinal, você precisa ver algo. Olhar é outra questão.

Em fevereiro de 2005, eu voei, eu caminhei. Vi e olhei *The Gates*, de Christo, uma daquelas obras de arte específicas de um lugar, com prazo de vida predeterminado de duas semanas e que foi, em geral, bem-recebida. Essa obra também provocou a reação de uma parcela de descrentes e discordantes que meneavam a cabeça negativamente, como se percebessem que o rei estava nu, ou se preocupassem com os danos ecológicos ao Central Park. *The Gates* energizou e satisfez a maioria dos espectadores. Era uma arte que existia no tempo e no espaço, um caso de uniformidade e variedade, constância e mudança, tema e variações.

Hoje, como a maioria das coisas no tempo, ela desapareceu da consciência histórica, mas não da mente da maioria das dezenas de milhares de visitantes que andaram pelo parque — tanto os nova-iorquinos que o fazem todos os dias quanto os turistas que foram lá especificamente para fazê-lo durante essas semanas —, que viram, sorriram, olharam com desdém, franziram os cenhos, menearam a cabeça negativamente e conversaram alegremente com outras pessoas que faziam exatamente o mesmo. No final da década de 1960, tivemos os *Be-Ins* [passeatas dos hippies pacific]; em 2005, tivemos um espetáculo-caminhada. Durante 16 dias, no mês mais cinzento e frio do ano, pessoas olharam para cima e para baixo, andaram por baixo e falaram sobre os 7.500 portões, todos enfeitados com painéis cor de açafrão. Com larguras que variavam de 1,5m a 6m, *The Gates*, inspirados nos portões *torii* vermelhos em Fushimi Inari-Taisha, em Kyoto, abriram caminho ao longo de 35Km no parque, e as pessoas fizeram o mesmo.

The Gates não era bonito nem complicado, em qualquer dos sentidos mais simples desses termos. Parecia ser um agrado sem fim aos olhos, mas era mais do que isso. A obra mudava constantemente, respondendo ao sol, à sombra, ao vento, à chuva e às nuvens. Os residentes sortudos dos edifícios localizados nos quatro lados do parque tiveram a oportunidade de vê-la *de haut en bas*, de suas janelas e varandas, olhando através dos galhos desfolhados das árvores, para baixo, onde os painéis formavam um padrão novo e inesperado, um desenho laranja, e não a cobertura verde e rendada da beleza do verão. Como a famosa jarra de Wallace Stevens colocada no topo de uma colina no Tennessee ("Anecdote of the Jar"), *The Gates* mudou o parque e o enfeitou. Stevens chamou sua colina de um "campo desleixado". O Central Park nunca foi isso, claro, mas o projeto de 1858 de Olmstead e Vaux para uma área verde sofreu uma reforma completa ou, pelo menos, uma recauchutagem. *The Gates* foi a oportunidade para olhar e pensar. Adultos e crianças, todos estetas em treinamento, debateram as Grandes Questões: Isso é arte? Isso é boa arte? Como você sabe? Sócrates teria se sentido em casa. Nunca tantos visitantes do Central Park falaram com pessoas totalmente desconhecidas. *The Gates* se tornou a própria ágora ateniense de Manhattan, um lugar e uma ocasião para a interação humana. A obra deu a muita gente uma nova motivação.

Ela também me fez pensar sobre as razões para focarmos os olhos no irrelevante e no transitório. Dizem que a vida é curta e a arte, longa, mas a vida de *The Gates* era como a de um inseto de vida efêmera. "A morte", Stevens disse em "Sunday Morning", "é a Mãe da Beleza". Olhávamos para *The Gates* porque sabíamos que estaríamos aqui muito depois de a obra ter sido retirada. Hoje, no mundo inteiro há centenas de pessoas que receberam recortes com $3cm^2$ de tecido do material que compôs *The Gates.* Muitas delas, como eu, devem ter emoldurado seus suvenires minúsculos. Juntamente com nossas fotografias e imagens mentais, esses momentos constituem nossa lembrança coletiva. *The Gates* foi arte performática tanto dos criadores, Christo e sua mulher Jeanne-Claude, quanto de seus espectadores, que se tornaram parte da ação. O olhar se dissolveu no fazer. O Central Park foi um palco, e todos nós fomos os atores.

Olhar dá prazer. Também inspira. Em uma carta datada de 21 de setembro de 1819, John Keats escreveu para o amigo John Hamilton Reynolds: "De alguma forma, um restolhal parece quente — assim como algumas pinturas dão a sensação de calor —, isso me impressionou tanto em minha caminhada dominical que compus um poema sobre ele." Essa frase condensada, confiante e abreviada apresenta o último grande poema do autor, o discurso de despedida "To Autumn". Ao ver os campos outonais em Winchester, Keats se lembrou de pinturas, o que inspirou uma de suas maiores obras. Olhar é uma ação criativa e gera outros tipos de criatividade. Não apenas Keats "compôs" sobre a cena, mas também podemos dizer que a cena lhe ofereceu a serenidade, o autocontrole, de vê-la.

Recentemente, uma pintura me fez dar uma freada brusca e me inspirou a escrever um poema, o primeiro de minha vida adulta. Entre as efusões do fim da adolescência e este momento, nunca pensara ou ousara fazer algo assim. Porém, lá estava eu, no museu. Parei, fui desafiado, compus. Elevei-me à altura da ocasião e, ao compor, me compus. O momento ocorreu na frente de *Western Motel*, pintado por Edward Hopper, em 1957. Não apenas o quadro me parecia quente, como também, imediatamente, fez-me lembrar de uma frase de Shakespeare: "ela estava sentada, como uma estátua de Paciência". Reescrevi a frase, mudando a pontuação. E então pensei em outra e mais outra. Não sou Keats, mas me senti bem motivado. Não parei.

Western Motel é o único quadro de Hopper em que as figuras humanas olham diretamente para a plateia. A maioria das pessoas que ele pintou olha para baixo, para longe, enviesado, ou escondem o rosto de nós. Nessa pintura, há uma mulher sentada ereta em uma cama de motel, enquanto, do lado de fora da janela grande, a parte dianteira de um Buick se intromete na cena, e ao fundo, do outro lado da rua, estão colinas baixas e ameaçadoras. Ela olha indiferente, fria e talvez incerta. No chão, ao lado da cama, duas malas cheias. Cortinas de cor laranja-ferrugem, uma parede verde-clara e um vestido vinho fornecem um colorido extravagante. O casaco azul da mulher está sobre uma cadeira. No lado direito, vemos parte da porta do quarto de motel. Apesar, ou talvez por causa da janela grande — que claramente não abre — e da transparência com que ela permite que se veja o cupê que espera lá fora, a cena sugere luz e calor, expansividade e clausura. Na verdade, não temos a menor ideia se a mulher acabou de chegar ou espera para partir. E se está sozinha, ou esperando por um homem — o marido? o amante? — para se juntar a ela, ou levar as malas até o carro. A moldura da janela de vidro, como a moldura da pintura, tende a limitar, sufocar, tanto ela quanto nós, seus observadores. De onde ela vem? Para onde vai? Com quem?

Da mesma forma que todas as melhores pinturas de Hopper, *Western Motel* nos inspira a fazer perguntas e a fornecer respostas provisórias, a imaginar ou a escrever pequenas histórias sobre uma cena, sobre um ou mais personagens, suas pessoas flagradas em posturas solitárias, ou envolvidas em atividades cotidianas triviais que constituem a maior parte da vida de todos nós. Um quadro sugere uma vinheta. Keats também fez perguntas e procurou respostas, que nunca vieram, em "Ode on a Grecian Urn": "Que homens ou deuses são esses?" "Quem são esses que vêm para o sacrifício?" O quadro brilhante de Hopper me cativou. Olhando para ele, e sobretudo para a mulher com sua postura régia, rosto oval perfeito e expressão vazia, disse-me: "Ela estava sentada. Como uma estátua de Paciência?/Não exatamente." A figura alegórica em *Noite de Reis* sentava "como uma estátua de Paciência,/ Sorridente diante da desgraça". A mulher pintada de Hopper não sorri nem reclama, talvez se desespere, talvez esteja a ponto de falar. Ela está dizendo "Tire-me daqui"? Ou "Graças a Deus entramos aqui, saímos do calor do deserto, e o ar-condicionado está funcionando muito bem"? As pinturas não falam, e seja lá o que pensamos sobre as pessoas nelas, elas também não podem falar. Nós as animamos por meio da linguagem, colocando palavras em sua boca.

Continuei sendo inundado por adjetivos compatíveis com essa mulher e sua situação: "rígida", "solitária", "severa", "opaca", "impassível". O quadro tinha suas demandas, e eu respondia em noventa linhas de versos não rimados. A mulher e aquilo que a cerca — tudo que Hopper usara para colocá-la numa cena — me provocavam, primeiro por me inspirar a compor uma única linha de verso e depois por me instigar a continuar, a persistir com minhas ruminações e com minhas linhas.

"Western Motel", meu discurso virginal, não é um "To Autumn", mas não é ruim para um primeiro poema escrito após mais de quarenta anos. Ele não atinge o nível de refinamento sofisticado de muitos poemas do tipo que chamamos de écfrase, que lidam com um estímulo visual, como um quadro, e falam para ele e sobre ele, ou às vezes através dele. (No famoso clímax de sua ode, Keats atribui palavras consoladoras à sua urna: "A Beleza é Verdade, e a Verdade, Beleza: Isso é tudo/ Que vocês sabem na Terra e tudo que precisam saber.") Mas tudo isso revela a forma como se pode ser paralisado e atraído por uma pintura e "voltar a si" — frase maravilhosa! — com o estímulo para olhar com mais atenção o que se está vendo. Hopper me levou a uma cena e ao sentido do olhar. Quando você olha muito para algo, Gerald Manly Hopkins escreveu em seus cadernos, ele também olha de volta para você.

Aristóteles dizia que gostamos de olhar quadros de coisas que, na vida real, nos repelem ou perturbam — cobras, cadáveres —, porque os quadros nos oferecem prazeres que a vida nos nega. Este capítulo é sobre os prazeres de ver e sobre a felicidade que, na maior parte das vezes, mas não exclusivamente, olhar para quadros gera, até mesmo as obras abstratas que nos atraem precisamente porque não representam nem imitam algo, porque nos dão algo negado pela vida real.

* * *

Nem sempre fui um bom observador e certamente não nasci assim. Nunca tive um dom para as cores ou o desenho; quando criança, não rabiscava nem pintava, tampouco fazia montes de argila. Se me perguntassem qual sentido me define mais, teria de dizer "ouvir". A fala e a música, a primeira com suas possibilidades de sentido comunicativo, a segunda sem sentido, mas com variações no tom, me envolveram. Toquei piano. Qualquer formato que dei a algo, eu o fiz com palavras. Meus olhos eram um órgão essencialmente passivo, deixavam-me ver aonde eu ia, mas não necessariamente me deixavam captar tudo. Provavelmente, esbarrei em muitos muros e árvores em meu caminho de volta da escola. Ainda esbarro. Anos mais tarde, impressionei-me com uma afirmação de Wordsworth de que o olho é o mais despótico dos sentidos. Cheirar, tocar e degustar são sentidos primais, primitivos e instintivos, de acordo com os neonatólogos e psiquiatras pediátricos. Entre os sentidos, a visão se desenvolve por último, mas, após isso acontecer, ela nos domina. Wordsworth não estava brincando. Em "Tintern Abbey", ele diz que sua memória de um ponto paisagístico favorito e as "formas" que esse ponto deixou impressas em sua mente "não foram para mim/Como é uma paisagem para o olho de um cego". O que exatamente isso significa? Um cego de nascença pode aprender a palavra "paisagem". É possível explicar-lhe do que se trata, mas ela não será plenamente compreendida. Ela existe como uma abstração. Por outro lado, alguém que fica cego mais tarde na vida retém alguma memória cognitiva do domínio visual; uma paisagem se torna parte do arsenal daquilo que o liga ao mundo e a seu eu anterior. Para Wordsworth, o "olho corporal", aquele órgão que nos liga ao mundo externo, é um tirano perigoso. Ele nos mantém cativos.

Ele também pode nos libertar. Muitas pessoas — sensíveis em outros aspectos — não têm qualquer interesse nas artes visuais. Graham Greene e Evelyn Waugh eram insensíveis ao olhar e tinham pouco prazer em fazê-lo. Porém, o narrador do poema de Anthony Hecht "The Venetian Vespers" diz: "Olho e olho, como se pudesse ser salvo simplesmente pelo olhar." Para o restante de nós, eu perguntaria, quais são os processos de olhar que nos envolvem e salvam? Quais são os prazeres do olhar examinador?

As primeiras pinturas que me lembro de ter olhado, e não simplesmente visto, foram as paisagens marítimas de Raoul Dufy e as urbanas de Maurice Utrillo, todas mostradas em reprodução por nossa professora da sétima série, diligente e séria, que tentava instruir sua turma de suburbanos selvagens de 12 anos. Eu não fazia a menor ideia de que os especialistas consideravam esses pintores da Escola de Paris ruins, que o uso de luz e sombra, as pinceladas brilhantes de cor e os movimentos rápidos do pulso que levavam a tinta à tela eram todos truques aprendidos com Matisse, Monet e os grandes impressionistas. Eu achava que esse era o significado da beleza. É possível apresentar as artes visuais de maneira bem pior do que com quadros "bonitos". Um ou dois anos mais tarde, pendurei um pôster do Philadelphia Museum of Art sobre minha cama: *Mulher com pães*, de Picasso, de 1906. Tínhamos feito uma excursão escolar na nona série. Quando olhei para ela, algo na pintura olhou de volta para mim. Meu gosto estava se formando, embora provavelmente não pudesse, naquela época, ter articulado como ou por quê. O apelo da pintura tinha algo a ver com seus tons sombrios, a suavidade da caracterização e, sobretudo, o equilíbrio: o equilíbrio dos pães inclinados sobre a cabeça da mulher; a simetria do rosto misteriosamente calmo e alongado. É um estudo sobre o repouso, uma natureza-morta humana, um instantâneo fotográfico deliberadamente colorido de um movimento captado no tempo. A partir desse momento, como acabou se revelando, minhas pinturas favoritas compartilhariam as qualidades de *luxe, calme et volupté*. Não obstante o quanto comovente eu considerasse Caravaggio, o *chiaroscuro* e a ação dramática, as representações de Saulo de Tarso atirado do cavalo e de São Pedro crucificado de cabeça para baixo, retornei às naturezas-mortas, a Chardin, Cézanne, Morandi e William Bailey. Seja lá o que a vida era, devo ter pensado que a pintura era seu oposto, assim como seu complemento. Quero pinturas que acalmem meu espírito.

Cursei uma matéria de artes durante meu penúltimo ano de faculdade, meio pensando que precisava "expandir meus horizontes" (uma metáfora apropriada, embora um clichê) e preencher um requisito ao mesmo tempo. Por razões que já esqueci há muito tempo, provavelmente algo relacionado aos horários das aulas, pulei o curso introdutório e simplesmente mergulhei na Renascença italiana. As aulas sobre arquitetura e escultura me deixavam entediado ou desnorteado, talvez porque reduzir obras tridimensionais a imagens bidimensionais inevitavelmente esvazia seu poder; talvez porque, sem saber disso, eu entrara na escola de crítica de artes Clement Greenberg, que afirma que escultura é aquilo em que você esbarra, durante uma visita a um museu, ao recuar para obter uma visão melhor ou diferente de uma pintura na parede; talvez porque o que realmente aprecio seja a limitação oferecida pelas representações bidimensionais. Nunca me saí bem com os termos da arquitetura (viga mestra, cornija, ameia, fenestração, picnostilo, tímpano: eles soavam maravilhosamente exóticos, mas o que exatamente *significavam* era uma língua estrangeira para mim), e eu não tinha uma noção muito clara sobre as formas, os materiais e os processos de esculpir mármore, entalhar madeira ou derramar bronze em moldes de cera. Mas, à minha maneira ingênua, conseguia entender as pinturas. O pintor fica de pé, com sua palheta de cores, em frente a uma tela, ou deitado em um andaime se estiver pintando o teto da Capela Sistina, e aplica a tinta. A simplicidade dos meios me atrai.

Após Masaccio e o início da perspectiva, após Uccello e os pontos de fuga em *A batalha de San Romano*, após a pureza geométrica sublime e os singelos mistérios presentes nos rostos dos anjos de Piero della Francesca, que me faziam lembrar do Picasso de minha cidade natal, houve um momento de cegueira, mas igualmente de revelação. Não acho que exagero quando digo que devo ter suspirado de forma audível quando o professor mostrou na tela o que se tornou um ícone instantâneo para mim de tudo que uma pintura pode ser e fazer: *A Virgem e o Menino com Santa Ana* (1510) de Leonardo, no Louvre, cujo esboço está na National Gallery de Londres. De repente, todas as lições que aprendêramos sobre relações espaciais, geometria, panos, formas humanas e as qualidades esculturais inatas até mesmo em obras bidimensionais ficaram claras. Senti o que Roger Fry chamou de "forma significativa", e como ela tornou visível a própria conexão humana entre gerações, o jorro de vida fluindo de uma mãe (Santa Ana) para a filha, a outra mãe, e depois para a criança. O quadro reproduzia um fluxo de energia ininterrupto. Não nos disseram que Leonardo talvez tenha escolhido esse tema incomum por razões simbólicas. Freud viu ou imaginou a forma de um abutre no traje da Virgem e sugeriu uma explicação psicanalítica: quando criança, Leonardo sonhou que fora atacado no berço por um abutre. Duvido que a psicanálise tivesse aprofundado ou elevado minha avaliação puramente estética do quadro, seja lá o que ela pudesse ter me ensinado sobre a motivação inconsciente do pintor. Na época, como agora, era a forma — pura, mas nunca simples — que ditava minha resposta. A arte me deu o que a biografia e a história me negaram.

Outras revelações se seguiram. Em minha primeira viagem a Londres, as aquarelas de Turner, na Tate Gallery, provaram que um artista poderia empregar meios delicados para pintar a violência elementar. Ruskin disse que o tema subjacente de Turner é a Morte, um tema rearticulado por John Berger como "solidão e violência e a impossibilidade de redenção". Mas ambos os temas exteriores (trens, tempestades, mares, céus e o clima) e interiores (cenas de Petworth) de Turner me tornaram consciente da abstração e dos arabescos coreografados que resultariam em meu amor por Jackson Pollock, embora eu não tivesse a menor ideia disso na época. Ruskin também disse que o verdadeiro tema de Turner era a vitalidade "palpitante" da pintura; nunca antes meu olhar estivera mais consciente dos materiais do que do próprio tema.

Da mesma forma que seus óleos, as aquarelas de Turner apresentam a realidade externa. Elas também dramatizam o controle mútuo dessa realidade sobre o artista e dele sobre ela. A atmosfera vence a claridade; a luz cobre e oblitera objetos individuais. Muitas vezes, uma névoa fina desfaz as delineações. Embora Turner seja o maior pintor britânico de temas históricos, foram seus métodos, e não sua temática, que me atraíram. Ele conseguiu inventar uma forma distinta de traduzir o que via. Francis Bacon, pensando nas próprias pinturas um século mais tarde, disse que um pintor deseja que sua obra seja factual e "profundamente sugestiva ou profundamente libertadora de áreas de sensação diferentes da simples ilustração do objeto". E Giorgio Morandi, pintor de garrafas, aquelas eternas variações de um mesmo tema, disse que "nada pode ser mais abstrato, mais irreal, do que aquilo que realmente vemos... A matéria existe, claro, mas não tem qualquer significado intrínseco em si mesma, como os que lhe atribuímos". Comecei, depois dos 20 anos, a atribuir sentidos, isto é, sentimentos e respostas a cores e formas, ao que via em quadros. Estes começaram a libertar áreas de sensação em mim, sobretudo áreas não verbais.

As pinturas afetam as pessoas de formas diferentes. Como Patricia Hampl, cujo *Blue Arabesque* medita sobre um único quadro de Matisse que ela vira quando estudante, comecei como uma pessoa ligada à linguagem e ao som, alguém que chegou à pintura e às sensações visuais no início da idade adulta. A experiência de Hampl com Matisse *não* a deixou "pensando em palavras. Fui nocauteada pela imagem". Para qualquer escritor, Matisse é uma boa escolha porque ele é *todo* forma e cor, textura e beleza. Sua arte dispensa narrativa, simbolismo, assim como tudo que cheira a linguagem, sentido ou pensamento. Ele herdou sua sensação de cores da mãe, uma chapeleira. O pai era comerciante de grãos e descendente de tecelões. Hampl nos lembra: "A economia de sua casa e de sua cidade se baseava em ornamentos berrantes e no apetite para o desnecessário. A decoração era, paradoxalmente, essencial." Sim, eu me disse, a beleza é isso. Ninguém *precisa* de uma pintura, como ninguém precisa (ver Capítulo 4) do foxtrote ou de qualquer outra dança, mas ornamentos e essência não estão necessariamente em contradição. Os primeiros podem ser simplesmente outra palavra para a segunda.

A necessidade do decorativo, do ornamental e do "não essencial" aparece de um modo completamente desapaixonado e sereno em um dos primeiros poemas de Elizabeth Bishop, "Filling Station" [Posto de gasolina]. A narradora encontra um posto Esso "completamente imundo", impregnado de óleo e cuja força de trabalho era composta pelo pai e por seus filhos igualmente oleosos e sujos. Os sinais de domesticidade e ornamentação — daquilo que modestamente chamaríamos de arte — são o que, de fato, atraem o olho dela.

Algumas revistas em quadrinhos fornecem
a única nota de cor —
de determinada cor. Elas repousam
sobre um grande pano decorativo
guarnecendo um tamborim
(parte do conjunto), ao lado
de uma grande begônia peluda.

Por que a planta irrelevante?
Por que o tamborim?
Por que, ah por quê, o pano?
(Decorado em pontos margarida
com margaridas, eu acho,
e adornado com crochê cinza.)

Examinando de perto, ela se volta para perguntas e respostas. Termina evocando o produtor, o artista e a mãe ausente:

Alguém bordou o pano.
Alguém molha a planta,
ou coloca óleo nela talvez...

Alguém nos ama a todos.

"Irrelevante"? Dificilmente. O olho de Bishop a faz lembrar, e a nós, que até em um posto de gasolina a planta é necessária. Sou tentado a dizer que *especialmente* em um posto de gasolina, na vida dos pobres trabalhadores, não da alta burguesia ou dos ricos ociosos. Anos antes de ler o delicioso livro de Hampl, li e concordei com a descrição de Matisse acerca de seu sonho (muito ridicularizado por marxistas, puritanos e por todos aqueles a quem Harold Bloom chamou de ressentidos), "de uma arte do equilíbrio, de pureza e serenidade, desprovida de problemas ou temas deprimentes, uma arte que podia ser... uma influência consoladoramente calma sobre a mente, algo como uma boa poltrona que fornece descanso para músculos fatigados". A cor é mais do que superfície: é essência. A luz abundante da Riviera, as figuras humanas cochilando, relaxadas, esboçadas pela metade, os azuis explosivos e os vermelhos e amarelos das pinturas de Matisse não apenas refletem uma preferência pelo luxo e pelo lazer, mas também apresentam uma nova forma de ver. Henry James disse: "O mero uso dos olhos em Veneza é felicidade suficiente." Pode-se ser salvo pelo olhar, seja em uma cena real e viva, seja em uma interna, representada. O que mais uma pintura deveria fazer além de dar prazer?

Algumas pessoas gostam de pensar. Mas as pessoas como Hampl e eu, que passam sua vida produtiva em meio às palavras, formando, moldando-as em sentenças, parágrafos e depois articulações completas, frequentemente se voltam para as pinturas para escapar das palavras. O crítico literário J. Hillis Miller disse que recorremos à literatura, sobretudo à poesia, para obtermos aquilo que ele chama de "o momento linguístico", aquele instante em que um poema traz a língua para o primeiro plano e nos conscientiza dos elementos e dos métodos da poesia, e não de sua temática. Da mesma forma, as grandes pinturas nos conscientizam do uso efetivo, por parte do pintor, dos meios de representação de algo e (sobretudo no caso da obra não representacional e abstrata) da criação de algo novo. Há muito tempo, Coleridge estabeleceu uma distinção entre cópia e imitação. Em uma cópia comum, somos surpreendidos de imediato pela semelhança com a coisa representada. Na imitação, uma façanha superior, percebemos primeiro a diferença. Uma identidade mais profunda entra em foco apenas após um choque inicial. Ao contrário de uma pintura medíocre, uma obra excelente nos apresenta seus elementos. Aprendi isso com Turner. O último elemento que desejo ver em uma pintura é a linguagem. Quero algo diferente. Não quero pensar, pelo menos não em palavras. Não gosto de uma pintura — nem de uma peça de roupa — que fale comigo. A sábia crítica de dança Arlene Croce disse uma vez que nunca gostou dos balés que pretendiam fazê-la "pensar", isto é, aqueles com mensagem, uma ideia ou um argumento político. Ela vai assistir a um balé pelo que um coreógrafo pode fazer com corpos se movendo pelo espaço e com a música. Isso é o que a dança faz. Quando quer pensar sobre política, a paz no mundo ou o ecossistema, ela lê jornal.

Eis algo que observei em uma viagem recente ao Museum of Modern Art. Em duas paredes do átrio central — aquele grande espaço funcional que é, na melhor das hipóteses, pouco acolhedor para obras de arte —, havia quatro óleos abstratos de grande porte da falecida Joan Mitchell, de fases diferentes de sua longa carreira. Os quadros contêm linhas e planos vastos, campos inteiros de cor. Mitchell chamou sua obra de pintura paisagística, não de ação, e afirmava que sua aparente liberdade era, na realidade, totalmente controlada. Com suas manipulações radicais de cores e formas, as pinturas convidam a um exame detalhado e intenso. Ninguém olhava para elas. Passei 45 minutos olhando as pessoas olharem ao redor, ou melhor, andarem ao redor. O que eu via? O que elas olhavam? Não Joan Mitchell, cuja obra estava perdida nas paredes, nem a enorme *Ninfeias*, que pareceu diminuída quando pendurada numa daquelas mesmas paredes após o museu ter sido reaberto. Parecia um pôster maltratado em um dormitório universitário. Assim também eram as pinturas de Mitchell. O espaço as subjugava, mas elas não eram — se você realmente quisesse focar nelas — invisíveis nem inacessíveis.

Os visitantes do museu, no entanto, ficavam universalmente fascinados por *What Happened to Us?* uma instalação de parede, uma grande obra de "arte *light*" feita por um jovem artista romeno da moda. Era o equivalente da música de elevador, cheia de desenhos animados, imagens, palavras, zombarias e clichês fáceis de engolir, além de simulações e gestos infantis. E as pessoas tiravam fotografias desses grafites. A abordagem política superficial da parede estava em sintonia com o *zeitgeist* contemporâneo. A introspecção estéril não demanda nada de seus observadores. Não havia trabalho árduo envolvido em olhar, da mesma forma que a assim chamada obra de arte não deixava escapar indicação alguma de urgência. O tempo não era a essência. E não existe obra de arte notável que não demande tempo de sua plateia.

Senti-me como Eliza Doolittle: "Palavras, palavras, palavras, estou enjoada de palavras." Não desejo uma pintura que me faça pensar; não preciso que Jenny Holzer me faça lembrar o quanto sou manipulado pela propaganda, pela mídia em geral ou pelos simulacros da realidade numa sociedade pós-moderna e pós-industrial que destruiu a autenticidade. Não estou interessado em mensagens. (Quando indagado por um subalterno sobre a mensagem de um filme a ser rodado, Sam Goldwyn disse que, se você deseja uma mensagem, envie-a por telegrama. Concordo com ele.) Foram necessários trinta segundos para obter o efeito completo — já dentro das galerias do museu — de *What Is Painting*, de 1966-68, por Baldessari, com seu título junto ao topo e, abaixo, em letras maiúsculas, os seguintes dizeres:

> VOCÊ PERCEBE COMO TODAS AS PARTES DE UMA BOA PINTURA ESTÃO ENVOLVIDAS UMAS COM AS OUTRAS, NÃO APENAS COLOCADAS LADO A LADO?

A ARTE É UMA CRIAÇÃO PARA O OLHO E PODE APENAS SER INSINUADA POR MEIO DE PALAVRAS.

Bem, sim, percebi, mas eu sabia disso antes que o quadro me lembrasse dessa verdade profunda. Antigamente, as artes visuais serviam a propósitos práticos. A utilidade da pintura para o evangelho cristão foi a razão significativa para os afrescos de Giotto, assim como para os trabalhos de muitos outros em têmpera, óleo e vitrais, da Idade Média à Renascença, numa época em que a Igreja usava a arte sacra como um meio de expressar histórias e mistérios teológicos, além de artigos de fé, a uma população em grande parte analfabeta, muitos dos quais não entendiam o latim da missa. Isso era naquela época. Isto é agora. Não somos mais analfabetos. No mínimo, perdemos a capacidade de ver, de olhar, agora que ganhamos a capacidade de ler.

"Vamos escapar de tudo" pode ter significados diferentes. No último outono, participei de uma convenção acadêmica com muito falatório. Quarenta e oito horas de polidez forçada, a maioria delas agradáveis, e o confinamento com pessoas inteligentes, muitos dos quais amigos, me deixaram sem qualquer razão para reclamar, mas apenas com algo para desejar: silêncio e, em seguida, o uso de meus olhos, e não de meus ouvidos ou cérebro. Um fim de semana de conversas sobre literatura e educação me tornou faminto de cores e formas de pinturas, pela sabedoria silenciosa da arte. Na tarde de domingo, após a última sessão acadêmica, dei uma escapada até o Art Institute of Chicago, aquele estabelecimento venerável na Michigan Avenue. Multidões haviam se reunido para ver — no último dia de sua exibição — três painéis de Ghiberti das *Portas do Paraíso*, as portas para o batistério em Florença. Devido a obras de renovação, o museu fechara alas importantes — não havia arte europeia antes de El Greco, e a maior parte da ala americana do século XX estava em naftalina metafórica, mas eu não me importava. Consegui me banquetear com o que havia. Por uma sorte imensa, as pessoas pareciam mais educadas do que o usual, até mesmo caladas. Não ouvi ninguém falando alto. Ninguém atrapalhou minha contemplação dos quadros. Visitei velhos amigos e fiz novos. Por mais de três horas, escapei daquilo tudo.

Uma experiência viva e confirmadora da vida, olhar quadros naquela tarde me deixou ao mesmo tempo alerta e sonhador. Estava em busca de algo que me impressionasse, e muitos quadros o fizeram. Encontrei, pela primeira vez, o americano do século XIX Dennis Miller Bunker, um maravilhoso artista menor que usou empastamento pesado em sua pequena impressão sedosa de uma paisagem da Normandia e de um vilarejo com pináculos de aço cinza, uma cena simultaneamente calma e ameaçadora. As pinceladas grossas e quase viscosas pegaram uma cena comum e a aprofundaram. Tem-se vontade de estar no lugar e escapar dele. Numa sala adjacente, o antídoto perfeito era o retrato duplo de Sargent de dois amigos americanos do artista, Wilfred e Jane Emmet de Glehn, pintados na Villa Torleoni, em Frascati. Trabalhando com um avental de pintor, Jane é um estudo em branco, um tumulto delicioso que parece um suspiro. As pinceladas de Sargent amontoaram camadas sobrepostas em sua amiga, pintando-a na arte de pintar.

Passo para outra sala: Delacroix, na pequena porém suntuosa fábula de ação oriental *O combate entre Giaour e Hassan*, produz redemoinhos de cores primárias; Ingres, em seu retrato do Marquês de Pastoret, pode levar você a pensar que a cortina verde-floresta ao fundo, de texturas espessas, é pura malaquita. E, depois, há os amarelos de Matisse, evocando a terra em que os limoeiros florescem e fazem você desejar juntar-se a ele, em Nice, em um apartamento arejado, com portas envidraçadas, vista panorâmica do Mediterrâneo e uma mulher elegante relaxando na varanda.

Precisei dessas três horas para descontrair. Após dois dias com pessoas literárias vestidas em roupas padronizadas de *tweed* ou de preto, estava faminto de cores. Queria vagar não tanto para dentro e para fora da consciência como para dentro e para fora da visão daquilo que me atraía à distância. As idas a museus exigem silêncio e solidão. O ouvido e a língua ficam quietos e o olho se abre para alimentar algo como a alma. Saí de lá animado e saciado.

Uma pintura é um objeto para contemplação. Você deve olhar para ela e tentar, o máximo possível, excluir tudo o mais de sua mente. Esse "tudo" inclui o barulho ambiente e outras pessoas que passam na sua frente ou pisam em seus pés. Inclui também o fato lamentável de que os museus novos ou grandes — em nome do controle de tráfego — não oferecem assentos adequados na maioria das salas porque desejam nos encorajar a ir adiante rapidamente. E seguir rapidamente é justamente o que acontece. Os estudos, assim como as observações pessoais, sugerem que os visitantes médios passam menos de dez segundos à frente de um quadro, passando logo para o próximo. Isso é o equivalente, em um recinto fechado, aos passeios turísticos em ônibus. Muitas visitas a museus, na verdade, fazem parte de passeios turísticos em ônibus. Os turistas são deixados nos museus por uma hora ou duas antes de irem para uma cafeteria, loja de presentes e para o próximo ponto do itinerário do dia. Dentro do ônibus, eles escutam os guias em áudio; poderiam também fechar os olhos completamente.

Em muitos museus, há mais pessoas sentadas em bancos à frente das telas de vídeo — que deveriam ser preparatórias ou secundárias à principal atração — do que olhando de perto, ou demorada e atentamente, os quadros. É mais fácil receber tudo mastigado na voz aveludada de Philippe de Montebello do que absorver com os olhos o que está à sua frente.

O ideal é ficar sozinho com um quadro, um de cada vez. Invejo aquelas pessoas que, sobretudo nos dias em que os museus custam menos ou são gratuitos, se dão ao luxo de dar uma passada na hora do almoço para olhar um único objeto. É a pausa que refresca. E que também aprofunda a consciência. Como o duque de Ferrara, em "My Last Duchess", de Robert Browning, que abre as cortinas para ver o quadro da falecida esposa e assim exerce controle total sobre ela e a plateia, quero ser um epicurista do prazer. Ano passado, visitei a Galeria Brera, em Milão, uma coleção de tesouros da pintura italiana. Fora ver dois quadros em particular, mas não fechei os olhos a outros. Um deles era o altar de Montefeltro, um dos últimos trabalhos de Piero della Francesca. A obra está pendurada em uma sala mal-iluminada, com quatro outras pinturas da escola de Urbino. Nenhuma outra pessoa dividia o espaço comigo; ninguém bloqueava minha visão, ninguém falava. O próprio museu estava bastante vazio, uns grupos de ingleses educados e alguns visitantes solitários aleatórios passeavam por lá. Perguntei ao guarda prestativo e informativo se poderia pegar uma cadeira e me sentar bem à frente da pintura, que estava isolada por uma grade de metal. Ele gentilmente permitiu que eu o fizesse e inclusive me deixou passar rapidamente por baixo da grade para obter uma visão mais próxima das pinceladas. Estava sozinho com Piero e meus pensamentos. A solidão durou 25 minutos, até outro ser humano se aproximar. Essa é a forma como devemos olhar os quadros.

Em outro momento, caminhei vagarosamente pela sala de gravuras do Fogg Museum, em Harvard, e estudantes de pós-graduação entusiasmados trouxeram esboços e aquarelas de Ingres só para minha contemplação. Um de cada vez. Senti-me como um comprador em potencial, ou, melhor ainda, o verdadeiro dono. Eu podia tocar o papel. Não pretendo evitar que outros olhem, mesmo que estejam na mesma sala que eu. Ao contrário, sei que, quanto maior a plateia, maior a distração, e olhar quadros, diferentemente de ver peças, não é um esporte para espectadores. Por que eu deveria ouvir as pessoas gritando, ou mesmo falando baixo (o que raramente fazem hoje em dia) e estragar meu divertimento? Por que eu deveria ouvir os guias acústicos, no volume mais alto, por mais claro que o narrador possa ser?

Eis uma questão interessante e pouco discutida: como você gosta de ir a museus, com quem e em que condições? Pode me chamar de antissocial: gosto de meu espaço, de minha própria companhia e de minha solidão. Não quero me sentir obrigado a falar com alguém ou a responder às observações e perguntas de alguém, a menos que a pessoa seja interessante e saiba quando calar-se. Visitar um museu é uma viagem em pequena escala. Como andar na cidade, com frequência, é preferível fazer isso sozinho, para andar mais rápido, mais devagar, voltar, sentar por um momento, ou parar para almoçar ou tomar café. Olhar pode ser um ato egoísta. Por que não deveria ser? Não estamos em um evento social.

E. M. Forster, que não era um ser visual por natureza, escreveu em seu ensaio de 1939, "Not Looking at Pictures", sobre o prazer do olhar errante e da mente em devaneio: "A mente assume o comando... e passeia em alguma visão estrangeira. A mente se diverte tanto que se esquece de sua motivação inicial." Enquanto olhava quadros com Roger Fry, Forster sempre se entretinha ao constatar que cada um parecia estar olhando ou procurando por algo diferente e que ele sempre se sentia um ingênuo em comparação com os olhos mais sofisticados e bem-focados de Fry. De vez em quando, o entusiasmo ou as visões deles coincidiam, mas, a maior parte do tempo, faziam descobertas separadas: "'Acredito que estejamos falando de percepções diferentes', ele diria, e sempre estávamos; eu gostava da montanha ao fundo porque me fazia lembrar de um pavão, e ele, porque ela possuía algum significado estrutural, embora não tanto quanto o saco de batatas bem na frente." Forster se treinou ou foi ensinado em algum lugar a procurar por linhas diagonais e, quando encontrava uma, como em *O sepultamento*, uma das últimas obras de Ticiano, ele entrava em operação. Quando não as encontrava, ficava perdido, como aconteceu com *As meninas*, de Velásquez, onde teve de se contentar com ondas, e não com diagonais simples.

Olhar, assim como viajar, pode colocar uma amizade à prova. Você deseja alguém que não lhe dê sermões ou o ameace, sobrepuje, intimide ou (o pior de tudo) aborreça, mas também deseja uma fonte de informações e uma pessoa disposta a ouvir novas ideias e avaliá-las. Você deseja uma versão elevada e melhorada de si mesmo, um segundo par de olhos.

O átrio do MoMA não era, naquele dia específico de verão, o foco de minha visita, apenas um prelúdio para ela. Experimentara a força plena do trabalho colossal de Richard Serra, sobretudo as três peças imensas instaladas além do átrio, no segundo andar do museu. Não apenas vi, como também habitei, porque você se mete dentro das formas ondulantes de Serra e se acha ou se perde em um espaço que muda constantemente, às vezes se contraindo, outras se expandindo. Contração e expansão: os planos maleáveis das placas espirais gigantescas de aço inspiram sentimentos alternados de claustrofobia e exposição. Um caminhante passando pela escultura se perde e depois se acha. Era como estar em Veneza: fica-se sempre em dúvida, mas nunca em perigo.

A maioria das pessoas não andava, muito menos parava de vez em quando: elas corriam. Ainda mais do que nas galerias de pinturas, os visitantes raramente registravam o que viam. Ouvi uma mulher reclamar com o marido: "Sinto-me como se estivesse em um submarino." Pelo menos ela articulara uma resposta; outros apenas corriam como se estivessem em um parque de diversões ou no túnel do amor. Uma metáfora melhor seria a floresta escura de Dante, ou uma concha virada para dentro, um náutilo cheio de câmaras, uma caverna aberta, um labirinto sem centro. Mas, assim como em *The Gates*, o observador podia tornar-se — se estivesse disposto a esperar — um participante. As obras *Sequence*, *Band* e *Torqued Torus Inversion*, de Serra (todas produzidas em 2006), mexiam com a gente. Ao andar pelas placas, você se sentia como se estivesse em uma faixa de Möbius, sem exterior nem interior, apenas um caminho fechado que desembocava no teto, com paredes inclinadas para dentro e para fora, encorajando-o a ir em frente, a menos que parasse para olhar em volta.

Quase ninguém parava. As pessoas olhavam rapidamente, enfadadas, nervosas ou loucas para escapar. As peças pediam para que se caminhasse por dentro delas com calma; até mais, elas pediam para você dar uma freada. E, quando você faz isso, percebe que as próprias placas o fazem lembrar de algo como as cavernas de Lascaux. Você enxerga desenhos, cores, pinturas: eles são deliberados? Serra fez incisões? Você está alucinando? Vejo uma flor; um coração; uma linha horizontal comprida como um dragão vestigial ou um peixe gigante com um rabo comprido e a boca aberta; formas folhadas como fósseis capturados em pedra; algo que parecia os dedos da mão; um único pé ou a pele de um animal pendurado; estalactites que pingam e estalagmites que crescem. As manchas e nódoas no aço pareciam um tipo de teste de Rorschach. Ângulos se tornam abstrações; uma estranha geometria piranesiana incita a vertigem. A mulher que achava estar dentro de um submarino estava certa.

E havia as cores. Algumas superfícies pareciam as pinturas gotejantes de Morris Louis ou uma madeira bem-granulada, bem-lixada. Manchas e gradações aliviavam a monotonia essencial do aço, conferindo profundidade. Quando se vai pela primeira vez ao deserto, no sudoeste americano ou em outro lugar, fica-se impressionado com a monotonia. É tudo *marrom*. Aí, você olha mais de perto e encontra uma variedade infinita de matizes. Da mesma forma, dentro dos limites do aço de Serra, o que parece ferrugem indiferenciada se abre e revela (fiz uma lista) laranja, ocre, marrom, vermelho, bege, canela, teca, jacarandá, terracota, preto, branco, amarelo, rosa, salmão, ouro, mogno e até cinza. Todas as cores do arco-íris, exceto azul e verde, tinham seu lugar ou seu momento.

Enquanto passava pelas obras de Serra, andando, parando e retomando, experimentava linhas: a obra em suas três dimensões tinha a bidimensionalidade que valorizo na pintura. Olhava para um plano — vasto, modelado, curvado e mais ou menos elevado acima de mim — e via cor, textura, desenho, pistas ou sugestões de quadros. Pensava estar olhando *um* quadro. Podemos adaptar a Serra o comentário de Klee sobre levar uma linha para passear: agora fazemos a caminhada pelas paredes e encontramos linhas acidentais em sua superfície.

Serra é o escultor para aquela pessoa que obtém mais prazer dos quadros planejados ou pseudoplanejados de Cy Twombly, dos redemoinhos de cores de Jackson Pollock e dos quadrados geometricamente arrumados de Richard Diebenkorn (como se Piet Mondrian tivesse sido redesenhado por Henri Matisse) do que dos blocos de Hans Hofmann, do branco e preto monocromático de Franz Kline e Robert Motherwell, e da ferocidade de muitas obras de Willem de Kooning e Frank Stella. A arte é silenciosa e inspira admiração. É necessário tempo para passar por ela e permitir que ela passe por você. Algo tão enorme e impressionante raramente pareceu, quando corretamente entendido, tão pouco ameaçador.

Lugar e momento: espaço e tempo. A solidez do aço desvela eixos coloridos e insinuações de formas, sugerindo linhas retas, mas recusando-as em favor das curvas. Por causa do contrapeso, as placas sem suporte não caem, embora provoquem vertigem e claustrofobia vertical. O espaço permanece constante, mas também muda à medida que você vai passando por ele. Ao passar com a deliberação de um exercício de tai chi chuan, você faz uma linha através das paredes e segue os traços das linhas nelas. Há um caminho que você segue e outro que descobre. Após algum tempo, você percebe que está experimentando, na verdade, pondo em prática dois tipos de visão: notar e observar. O primeiro é aleatório, espontâneo e furtivo, exigindo apenas a velocidade normal de um olhar afiado. O segundo é intencional e meditativo. Ver é natural; o olho se lança em movimentos rápidos. O ato de olhar é acompanhado de deliberação e acalma a mente. Uma vez ativada, a mente se coloca em um estado paradoxal de concentração relaxada — capaz de enumerar as cores, descobrir ou inventar os quadros nas paredes — para focar em uma coisa e excluir outras.

A ensaísta Linda Hall estabeleceu uma distinção apropriada e provocadora entre dois tipos de visão:

> Notar não significa observar. Observar é a tarefa árdua à qual o ato de notar pode levar — um notar que escapa de nosso

> controle, ou, se preferir, um notar que sobe à cabeça... Observar é uma atividade digna de um metafísico, que frequentemente adquire graduações avançadas nessa especialização. Notar é o menos imaginativo possível. Existem empregos que se baseiam no notar — o ajudante de garçom, o segurança, o guarda, a recepcionista —, mas poucas carreiras.

Notar é algo desprovido de imaginação; é o que fazemos quando andamos à toa, absorvendo e registrando os arredores. É ver. O visível (James Joyce chamou a isso de "modalidade inevitável": você não pode fugir dele, a menos que seja literalmente cego) não contém segredos; não contém profundidades internas. Tudo é superfície ou aparência. No entanto, há sempre algo mais a descobrir. Observar significa que você precisa ficar quieto e esperar, tentar se resgatar pelo ato de olhar.

4 *Dançar*

Nunca pensei que começaria a aprender algo novo na meia-idade, sobretudo algo físico. Nunca pensei que uma obsessão seria tão inócua e tão fácil de me arrebatar, imediata em sua intensidade e duradoura no prazer que gera. Nunca pensei que uma única atividade começaria no corpo, se estenderia pela mente e chegaria ao espírito. Nunca pensei que pudesse ser tão facilmente transportado. E nunca apreciara totalmente, ou aplicara à minha própria vida, a verdade da observação de Willa Cather em *My Ántonia*, posteriormente entalhada em sua lápide no Jaffrey Center, em New Hampshire: "Isso é felicidade; ser dissolvida em algo pleno e grandioso." Em outras palavras, nunca pensei que me tornaria um dançarino.

Em retrospectiva, percebo que a semente, embora esquecida e adormecida por décadas, fora semeada antes. Durante a adolescência, quando a Filadélfia ainda era um lugar onde se experimentavam peças antes de serem encenadas na Broadway, vi — além de dramas sérios e comédias — muitos musicais especiais daquela década tão mal-afamada, a de 1950: *The Music Man*, *Greenwillow*, *My Fair Lady*, *Amor sublime amor*, *Wildcat*, *Bells Are Ringing*, *Flower Drum Song* e, mais vívido na memória, *Gypsy*. Fazia parte da cultura da classe média ir tanto a concertos na Academy of Music (sentávamos na parte mais alta do anfiteatro) quanto ao Center City, como os filadelfienses singularmente se referem ao centro da cidade. Nossos pais iam à noite; os adolescentes, as viúvas e os idosos, às matinês de sábado. O rock havia começado recentemente seu ataque avassalador ao Tin Pan Alley e à Broadway para passar a ser a fonte da música popular, mas os musicais ainda eram suficientemente poderosos — e musicais — para se instalar em nossos ouvidos, e suas músicas eram o que assoviávamos no caminho para o trabalho ou para a escola.

Em casa, só havia o toca-discos, um aparelho hi-fi modesto, portátil e com som metálico. No entanto, meus pais conheciam as partituras dos principais sucessos teatrais dos anos 1930 em diante, à maioria dos quais eles haviam assistido. Eu ouvia os LPs e os compactos e sentava ao piano aprendendo lentamente as músicas de Arlen, Berlin, Gershwin, Kern, Porter, Rodgers, Hammerstein e — os melhores de todos para minha imaginação incipiente e sofisticada — Rodgers e Hart. Enquanto *O rei e eu* soava meloso, exuberante, romântico e cheio de boa vontade (o que não interessaria nada a um adolescente suburbano), *Meus dois carinhos* era asqueroso, irônico e vanguardista. Não consegui resistir, mesmo antes de aprender que a versão que eu tocava e ouvia fora despojada, expurgada, esterilizada e privada do cinismo de Larry Hart ("Até eu poder dormir onde não devia." "Graças a Deus sinto-me cheio de desejo sexual novamente."). Se isso era o que a idade adulta significava, mal podia esperar para ela começar. Na colônia de férias, tive a sorte de fazer amizade com o orientador musical, que produzia e dirigia versões diluídas de shows da Broadway, além de programas de calouro povoados por adolescentes muito pouco talentosos, e que conhecia a fundo todos os tipos de música, clássica e popular.

De vez em quando, fantasiava com um papel no musical da Broadway, mas nunca me identifiquei, como faziam outros meninos gays, com as estrelas femininas — Ethel Merman, Julie Andrews, Lucille Ball, Judy Holliday, Carol Channing e Roz Russell eram admiradas, mas não imitadas —, nem jamais pensei que tivesse os dons necessários para ser o protagonista. Além disso, não era Curly que eu desejava substituir em *Oklahoma!*, era Will, e não apenas por causa do nome. Embora realmente não soubesse cantar, gostava de fazer a mímica de Henry Higgins. Mas era Stanley Holloway que eu queria ser, não Rex Harrison. Se ao menos tivéssemos caraoquê naqueles idos tempos. Na maioria dos shows, o segundo papel, seja *ingénu* ou cômico, sempre tinha direito às canções mais alegres e às melhores danças. Como Bill em *Dá-me um beijo*, eu me vestia todo e depois cantava para mim mesmo a completamente tola "Bianca" ("Alegremente abandonaria o café por Sanka,/Até mesmo Sanka, Bianca, por você") antes de fazer um sapateado patético de minha própria autoria. Alimentava certa afeição por Yul Brynner, vestido de pijama, e sua polca, junto com Deborah Kerr ("Shall We Dance?") no filme de *O rei e eu*, mas o que realmente desejava dançar era "Everything's Up to Date in Kansas City" em *Oklahoma!*, "Get Me to the Church on Time" em *My Fair Lady*, ou "Big D" em *The Most Happy Fella*, porque o dueto cheio de energia e a coreografia vigorosa eram tremendos e irresistíveis. Desejava ser — embora não o tivesse dito na época — um dançarino.

Os dançarinos se divertiam. Os adolescentes italianos do sul da Filadélfia que dançavam no programa *Bandstand*, de Dick Clark, transpiravam sexualidade, elegância e ritmo. De fato, sua elegância e ritmo, muito mais do que seus cabelos pretos alisados, suéteres apertados e calças justas, lhes conferiam essa sexualidade. Nós os víamos na televisão vespertina quando voltávamos para casa da escola secundária. Pareciam criaturas de algum mundo heroico — a Terra de Terpsícore? —, bem longe da província de Acne, onde vivíamos, a apenas alguns quilômetros mas a um mundo virtual de distância deles. Eram estrelas. Éramos testemunhas e imitadores. Mais nervosos e acadêmicos, nós, adolescentes suburbanos, tentávamos nos transformar nesses ídolos urbanos quase divinos nos bailes noturnos das sextas-feiras no ginásio da escola. Esses garotos do sul da Filadélfia não estudavam dança; eles pareciam brotar já prontos no palco, conhecendo todos os movimentos certos.

Nós, por outro lado, experimentávamos a agonia dos bailes formais, aulas de dança nas tardes de sábado conduzidas por mulheres magricelas e rígidas que pressionavam um dispositivo sonoro chamado "o grilo" para chamar nossa atenção e nos fazer sincronizar os passos ansiosos: "*Devagar*, *devagar*, rápido-rápido" (o foxtrote); "passo triplo, passo triplo, *rock step*" (o *jitterbug*); "*Um*, dois, três; *um*, dois, três" (a valsa); "Dois, três, quatro e *um*" (o chá-chá-chá). E assim por diante, inexoravelmente. As garotas eram 30cm mais altas do que os garotos, e todos tinham as palmas das mãos suadas. Para muitos meninos de 13 anos, a recompensa, a emoção, vinham na forma do primeiro contato físico lícito com outra pessoa. Esse rito de passagem específico definia a chegada à puberdade tanto quanto um *bar mitzvah*. Nossos pais nos diziam que as aulas nos preparariam para a vida. Não acreditávamos neles. Mas estavam certos, e não apenas com relação à vida no clube campestre. Os bons dançarinos são bons vizinhos, bons cidadãos. Não é exagero dizer que são seres humanos melhores.

Então, em agosto de 1960, Chubby Checker cantou "The Twist", e a dança, do tipo com o qual eu crescera, desapareceu. O indivíduo agora substituía o casal. Os danos não foram inteiramente irreparáveis, mas um novo capítulo na história de nossa cultura nacional se iniciara.

Adiantamos mais de três décadas, passando pelos anos 1960, os Beatles e *Hair*; pelos hippies, a maconha, o macramê, os *Be-Ins*, os metaleiros; pelas discotecas dos anos 1970, o Studio 54, os Bee Gees; pela década de 1980, Ronald Reagan e a economia da oferta; pelo rap, o hip-hop, a música techno e house. Passamos por crises mundiais, crises de petróleo, a queda do comunismo e a reunificação da Alemanha, assim como por incontáveis mudanças de roupa, cabelo, maquiagem e drogas.

Em meados da década de 1990, uma amiga minha, ligeiramente alquebrada e cansada de fazer aulas de balé bem além da idade quando elas poderiam ter ajudado, em vez de avariado, seu corpo de meia-idade, me convidou para um estúdio de dança de salão no qual ela fazia aulas. Em um instante, os anos desapareceram. Não senti exatamente que retornara ao ensino médio, ou que voltara a ter 14 anos, nem que possuía qualquer memória muscular residual dos "passos". Em vez disso, o que senti foi alegria instantânea. O vício começara.

Quando me perguntam "Por que você dança?", recorro aos clichês e truísmos. O principal objetivo é o prazer: isso basta? Talvez, mas, por ser um acadêmico, o desejo de conhecer as motivações faz parte de minha aparelhagem intelectual. O cérebro investiga as fontes e as razões do prazer gerado por uma atividade repetitiva que compartilha muitas qualidades com — para mencionar as analogias mais óbvias — o sexo, o esporte e todas as outras artes criativas e performáticas. Assim como qualquer outro rótulo para uma percepção generalizada de bem-estar, o prazer parece interessar muito menos aos filósofos ou teóricos existenciais e pós-modernos do que a tristeza, o desespero, a neurose, o "medo e tremor" de Kierkegaard e a "náusea" de Sartre. Com demasiada frequência, os intelectuais céticos equiparam a alegria de viver ao contentamento apático ou à repressão; a melancolia é seu leite materno. (Volte à Introdução.) No entanto, dançar ou qualquer atividade afim provoca o tipo de questionamento que nos reconduz a Aristóteles e à sua *Ética a Nicômaco*. O que vem primeiro, uma abstração ou sua prática? Um homem justo é reconhecido como tal porque suas ações são justas; ao mesmo tempo, o ato de praticar uma ação justa o torna justo. No início do Capítulo 9, Aristóteles pergunta a si mesmo: "será que a felicidade é obtida por aprendizagem, costume ou algum outro treinamento, ou deriva da virtude de alguma revelação divina ou até mesmo do acaso?". ("Onde repousa a felicidade?", pergunta Keats, em um contexto diferente.) Para início de conversa, dançar nos torna pessoas felizes ou atrai pessoas felizes. Podemos esperar ou imaginar que um depressivo comum se torne alegre ao valsar?

Os terapeutas da dança podem agora oferecer rotineiramente conforto, assim como ajuda prática, a muitas pessoas angustiadas. Os integrantes do Mark Morris Dance Group dão aulas a doentes com mal de Parkinson. A dança é um tratamento para as desordens do movimento, e os pacientes encontram alegria no movimento e, ao mesmo tempo, a sensação de comunidade; eles não consideram o que fazem simples terapia. Embora os benefícios a longo prazo ainda não tenham sido avaliados, as sessões aumentam a confiança dos pacientes em seu equilíbrio. E até mesmo as pessoas sem uma doença debilitante podem, às vezes, fazer uma mudança quase miraculosa. Pelo menos uma amiga minha afirmou que, após começar a dançar, se livrou de uma gama extensa de males mentais e corporais. Moral da história: calce suas sapatilhas e jogue fora seu Prozac. Como podemos distinguir causa de efeito; como podemos separar dançarino e motivação para a dança?

Historicamente, a dança sempre esteve ligada às cerimônias religiosas — seja apolíneas e grandiosas ou báquicas e empolgadas — e aos rituais sociais, fazer a corte e fortalecer os laços familiares. Ao menos da Renascença em diante, ela marca uma afirmação dos costumes da sociedade e, acima de tudo, a *politesse* que reúne casais nas cerimônias de matrimônio, depois em famílias, clãs e cortes. Enfim, afirma a estabilidade de uma sociedade inteira. A dança promete e celebra a coesão. Não surpreende que as comédias de Shakespeare e algumas peças teatrais curtas de Ben Jonson terminem com casamentos e movimentos graciosos de corpos ao som da música como um símbolo de união. Não obstante, essas informações históricas grandiosas pouco explicam a sedução e o charme da dança para muitos de seus participantes contemporâneos. Não estamos participando de costumes majestosos ou religiosos. Raramente vestimos roupas míticas. Apenas os recém-casados pela primeira vez, aqueles clientes assíduos dos estúdios de Arthur Murray e Fred Astaire no mundo inteiro, apresentam um show previamente coreografado em suas núpcias.

A Mulher de Bath cinco vezes casada, de Chaucer, chama o ritual do cortejo de "a velha dança". Baldassare Castiglione lista a dança como uma das necessidades para o "cortesão" perfeito, o qual chamaríamos de homem da Renascença. Jane

Austen, aquela *connoisseuse* de "as felicidades dos movimentos graciosos", não apenas adorava dançar, como também usou a dança como tema em toda a sua ficção. A dança é uma oportunidade, um meio, uma metáfora. "Ser apaixonado por dança era um passo certo para se apaixonar", o narrador anuncia no início de *Orgulho e preconceito*. É significativo que, a princípio, Darcy se recuse a dançar com Elizabeth Bennet, ou com qualquer outra por sinal, e depois que ela não se anime a dançar com ele. Quando, enfim, dançam juntos, sabemos o que acontecerá. Darcy tem uma conversa sucinta com o entediante sr. Lucas, que diz: "Não há nada como dançar, afinal de contas. Considero um dos primeiros refinamentos de uma sociedade educada." Ao que nosso herói sério retruca: "Certamente, senhor, e há também a vantagem de estar em voga entre as sociedades menos polidas do mundo. Todo selvagem pode dançar." Mas o sr. Darcy não sabe dançar, pelo menos ainda não nesse momento do romance. Ele não dançará; não o convide.

Por ser uma figura característica de sua época, Austen tinha de abordar a questão delicada do grau de prazer que uma mulher solteira respeitável deveria obter da dança. O abandono total nunca é algo desejável para ela, ou mesmo uma possibilidade, mas dançar é um exercício bom e apropriado (ao lado da jardinagem e das caminhadas, praticamente os únicos exercícios possíveis para uma jovem). É uma forma permitida de prazer erótico que tem o efeito adicional prático de preparar tanto a mulher quanto o homem para todas as negociações humanas futuras.

Por toda a sua ficção, Austen usa a dança para testar as características psicológicas, emocionais e sociais. Ela reconhece as regras rígidas de conduta que seus leitores originais conheceriam, mas das quais somos totalmente ignorantes. Um casal sem compromisso assumido um com o outro não podia dançar mais de duas danças seguidas sem levantar suspeitas.

(Charles Bingley viola o tabu e dança com Jane Bennet mais do que devia.) Se uma mulher recusa o convite de um cavalheiro, como Elizabeth Bennet faz com o sr. Collins, não pode aceitar outro par. Darcy se recusa a dançar com qualquer uma, já que afirma que nenhuma mulher o atrai, mas é incumbência de um cavalheiro — observe como essa regra ainda se aplica hoje — convidar uma senhora sem par para dançar, mesmo que ele não queira. Darcy é grosseiro. A sociedade detesta os que não dançam, assim como a natureza encara um vácuo. Uma mulher não deve permanecer nas laterais. Em *Emma*, Austen usa da ironia e, com igual sutileza e força, nos faz lembrar sardonicamente do apelo universal e dos efeitos benevolentes da dança: "É possível ficar totalmente sem dançar. Sabe-se de jovens que passaram muitos e muitos meses sucessivos sem ir a bailes e sem sofrer dano algum na mente ou no corpo; mas, quando a dança começa, quando se sente um mínimo da felicidade dos movimentos da dança, seria na verdade muito difícil não pedir mais."

Em nosso século, não são os romances, mas os filmes que possuem figuras extraordinárias, que nos tornam mais conscientes da dança como uma metáfora do desejo. Mesmo como uma peça secundária da ação — como nas comédias de Hollywood da década de 1930, em que casais elegantes em roupas de festa sorviam coquetéis e fumavam cigarros antes de dançar —, os bailes sugerem o luxo e o apelo da vida da classe superior. Mais especificamente, a dança de salão representa a promessa de uma futura união sexual de Fred e Ginger (em "Never Gonna Dance", de *Ritmo Louco*, eles começam se recusando a dançar, mas terminam em movimentos fluidos, elegantes e graciosos. Sabemos o que isso significa), John Travolta e Olivia Newton-John (*Grease*), Patrick Swayze e Jennifer Grey (*Dirty Dancing*), ou de qualquer outro casal apaixonado. A dança pode simbolizar sexo, ou, em termos mais polidos, pode prenunciá-lo, sobretudo no caso de jovens que circulam, de olho uns nos outros, envolvidos na caça a um par. Na cultura popular americana do século XX, era tradição os salões de baile servirem como refúgios para os desprezados e os predadores que os cercavam. E, depois, há os navios de cruzeiro, com bailes 24 horas e funcionários disponíveis para garantir que ninguém fique sentado durante nem mesmo uma dança. Todos esses locais de encontro supostamente atraem incompetentes e solitários de ambos os gêneros. Pense na dançarina de aluguel cansada na música "Ten Cents a Dance", de Rodgers e Hart, que por dez centavos a dança acaba com meias porosas e "com furos nos dedos", assim como se sujeita à degradação de ser tratada com grosseria pelos "homossexuais e brutos, caras violentos que rasgam meu vestido". Nenhum herói para ela, apenas um "romance esquisito" e ir para a cama, sozinha.

Os filmes das últimas duas décadas, como o de Baz Luhrmann, *Vem dançar comigo*, e o de Masayuki Suo, *Dança comigo?* (refilmado como uma película americana bem menos persuasiva, estrelando Richard Gere e Jennifer Lopez) revigoram as velhas alegorias hollywoodianas de dança e amor. Assim como também o faz Al Pacino no papel do dançarino de tango cego em *Perfume de mulher*. Em termos de pura sexualidade, nada supera as demonstrações, frequentemente inusitadas, das competições profissionais de dança de salão exibidas pela televisão. Elas apresentam coreografias extravagantes e escandalosas que pretendem excitar o público e os jurados. E, na mesma linha, estão os lançamentos pouco apetitosos mais recentes no campo dos concursos de gladiadores, os programas de televisão *Dancing with the Stars* e *So You Think You Can Dance*. Os casais em trajes sumários muitas vezes mais parecem visitantes estranhos de outro planeta do que pessoas reais que podemos encontrar no meio da rua. Eles se empinam, se esgueiram e se contorcem sugestivamente: não foi à toa que determinados setores religiosos sempre proibiram danças muito menos atrevidas.

Nos salões de baile da vida real, no entanto, a razão ou o aspecto sexual pode, por vezes, ser necessário, mas nunca é suficiente e, com frequência, é irrelevante. "O que acontece numa pista de tango fica na pista de tango", diz William Lawrence Parker III, descrevendo as milongas de tango nos sábados à noite, no Central Park. O casal de dançarinos — aquele símbolo frequente da felicidade da união erótica — pode consistir, pelos três minutos de uma única canção, em duas pessoas que não se conhecem ou, caso se conheçam, não têm qualquer interesse sexual uma na outra. O dito genial de George Bernard Shaw — "Dançar é a expressão perpendicular de um desejo horizontal" — é verdadeiro apenas parte do tempo. Os ideais apolíneos de moderação, decoro e ordem podem suplantar a embriaguez e o abandono dionisíacos. A dança social concede dignidade, assim como também deriva dela.

Os gurus da saúde promovem os benefícios cardiovasculares da dança, mas todos os dançarinos amadores que conheço escolhem alguma outra atividade para fins de mero exercício. Dançar satisfaz uma necessidade diferente. Outras pessoas falam sobre a "autoexpressão". Eles querem dizer com isso a liberação corporal por meio de movimentos enérgicos e do esquecimento que ela produz. Essa postura pode surgir durante a experiência de uma dança de discoteca solitária, ou durante um concerto de rock, em que uma pessoa é uma parte separada e narcisista de uma massa maior de outras que oscilam. Ela pode também definir circunstâncias mais espirituais, como aquelas dos dervixes, cuja singularidade girante se torna uma unidade giratória com a divindade. Ao dançar com um par, no entanto, você está ou deveria estar menos envolvido consigo mesmo do que quando dança sozinho. Você também está menos envolvido em uma união com o divino, porque está unido a outro ser humano cujas capacidades, assim como necessidades, podem ser muito diferentes das suas. Nem o puro empenho físico nem a perda do eu em alguma entidade maior basta para justificar a emoção especial de — digamos — uma valsa vienense que gira e roda, um bolero lento, ou uma salsa rápida de ensopar a roupa tocada por uma banda cubana ensurdecedora.

Em determinado ponto, muitos dançarinos começam a desejar, até mesmo ansiar, por competições, por ganhar fitas e medalhas. Essa não é uma empreitada para os tímidos ou aqueles com orçamento apertado. As aulas e as inscrições para os concursos de dança não são baratas. Porém, a prática e a disciplina atlética necessárias para entrar em forma e no ritmo — para realizar uma sequência de manobras diante de jurados com olhares aguçados — afiam a acuidade física e musical. Como um esporte olímpico em potencial, a dança de salão demanda reações em frações de segundos, julgamento, talento artístico e força física. Não há nada como treinar coreografias com um par profissional, ou até mesmo amador, para aumentar a elegância e a angularidade dos movimentos. As pessoas colecionam troféus de todos os tipos de atividade — boliche, golfe e corridas de carros esportivos — então, por que não de dança? Para muitos amadores, sobretudo aqueles com tempo e dinheiro necessários à sua disposição, a excitação da apresentação, ainda que diante de uma pequena plateia de amigos e parentes, carrega as energias, atiça os sonhos e faz dispararem as glândulas suprarrenais.

Uma conhecida minha, professora de meia-idade e comportamento recatado, me disse que, após sua primeira apresentação programada de três minutos com seu instrutor em nosso pequeno clube de dança, os gritos de admiração de amigos e parentes a fizeram perceber que finalmente havia encontrado o que sempre desejara e precisava: aplausos. Seduzida pelo amor da plateia, ela realizara uma transformação na aparência e na personalidade. Além disso, ela descreveu uma excitação afim: o encanto do vestuário, da maquiagem e dos sapatos. Mais cedo ou mais tarde, todas as mulheres acabam percebendo que, para o bem e também para o mal, os sapatos com saltos altos ajudam as dançarinas. Eles fazem os músculos da panturrilha se contraírem; empurram o peso do corpo para frente. Toda mulher fica maravilhosa neles, mas eles também, é desnecessário dizer, acabam infligindo danos ao corpo. Os profissionais calçam sapatilhas quando dão aula, reservando os saltos apenas para as apresentações. O glamour cobra um preço. As penas e os enfeites berrantes castigam o orçamento de uma trabalhadora.

Outros podem sentir nostalgia; eu não. A atividade competitiva nunca me atraiu. Minhas fantasias mais disparatadas não assumem essa forma específica. Os esportes coletivos e o tumulto associado com os fãs, multidões gritando e berrando em êxtase violento, ou reclamando por causa de uma decepção inconsolável, todo o vigor dos animadores de torcida levando a galera ao frenesi em apoio ao time da casa: repito, isso não serve para mim. Na escola, instintivamente recusava tudo que envolvesse uma massa: grupos de pessoas gritando em apoio aos heróis do time lembravam invariavelmente as reuniões de Nuremberg da década de 1930. Os amontoados barulhentos — mesmos aqueles aplaudindo competições de dança de salão televisionadas — sempre me fizeram lembrar as extravagâncias fascistas perigosamente mecanizadas e tudo que seja antiético à vida educada e civilizada, a uma sociedade voltada ao prazer do indivíduo ou do casal. Repito, Apolo, não Dionísio, é meu deus favorito.

Muito embora minha primeira atração pela dança tenha vindo de um assento na plateia de musicais e apesar de ter cantado e me visto, sem grandes esperanças, no palco, como um caubói de sapateado, um artista de *vaudeville* envelhecido mas dançante, ou um socialite alegre e sofisticado de cartola dançando o foxtrote, a emoção da apresentação diante de uma plateia tinha pouco apelo ao dançarino social em que me tornei quando adulto. As pessoas exigem e recebem aplausos de diversas formas. Uma vez que ensinar exige instinto e talento de ator e traz à tona a gratidão dos alunos pelas aulas aprendidas, ou, com mais frequência, não aprendidas, e pelas experiências enriquecedoras vividas nas salas de aulas, minha vida profissional sempre massageou e afagou meu ego. Ela me basta. Encontrar-me diante de refletores, na frente de estranhos, ou mesmo de amigos me vendo apresentar uma coreografia (provavelmente não muito bem) seria o último de meus desejos. E mais: essa seria minha ideia de tortura. Descobri que me perder na atividade, em vez de me encontrar, é o que me atrai. Dançar lembra olhar, ouvir, nadar, ler: você desaparece ao fazê-lo.

Nem a autoexpressão nem a exposição, tampouco o exercício ou o flerte podem explicar a atração da dança para alguém como eu. Há quase quarenta anos, Irving Howe escreveu um artigo intitulado "Ballet for the Man Who Enjoys Wallace Stevens" (*Harper's*, maio de 1971). O intelectual socialista de Nova York se surpreendeu com a força de sua reação à coreografia habilidosa de George Balanchine: "O fato de um salto heroico ou um levantamento elegante ser excitante em si mesmo não era capaz de explicar a onda de prazer e, às vezes, a intensidade da emoção que essa dança provocava em mim." E Howe estava apenas olhando, não dançando. O princípio explícito de Balanchine era fazer a plateia ver a música e ouvir os padrões; seu gênio assegura que todos que já viram *Symphony in C* nunca ouvirão novamente a partitura sem ver aquela coreografia com os olhos da mente. É como se Bizet estivesse esperando por Balanchine se juntar a ele, um século mais tarde, para completar sua partitura. Algo análogo aconteceu comigo — não como um membro da plateia, mas como um participante ativo — quando percebi que os padrões que encontramos na poesia ou na música têm equivalentes nos movimentos que fazemos, muitas vezes de improviso, durante a dança. Ambos os lados do cérebro estão completamente envolvidos, sobretudo quando se conduz uma pessoa e o par, com um radar parecido com o dos morcegos, através do trânsito, e tendo de tomar decisões imediatas sobre o que pode ou não ser feito no meio de uma multidão. É preciso planejar e reagir rapidamente, como quando se está conduzindo uma negociação em língua estrangeira pouco conhecida. É fácil construir uma frase, ou várias delas, antes da conversa, mas, assim que seu interlocutor se envereda por uma direção inesperada, você precisa ser capaz de revisar seu programa sem atrapalhar a comunicação. O mesmo acontece quando você enxerga um espaço vazio na pista, perfeito para trançar dentro e fora do ziguezagueante passo de foxtrote denominado a vinha, e de repente outro casal aparece do nada e atravessa à sua frente. Tempo para repensar, embora "pensar" esteja muito associado a raciocínio; todas as decisões devem ser tomadas com precisão milimétrica. O corpo é que pensa.

Ter aulas de dança — como tentar aprender algo novo após os 20 anos — desafia e humilha uma pessoa, sobretudo alguém sem o dom para isso e, ainda mais, alguém que fez do ensino sua profissão. Tornamo-nos crianças novamente. De novo, existe aqui uma analogia com a aquisição da linguagem. O trabalho repetitivo constante de guardar algo na memória, sejam conjugações verbais no cérebro ou passos na memória muscular, pode confundir e cansar, ou até entediar, o aluno. Wallace Stevens intitulou um de seus poemas de "The Pleasures of Merely Circulating" e sugeriu em outro que "simplesmente circular é um objetivo em si mesmo.../O homem-herói é... aquele que da repetição é senhor" (*Notes Towards a Supreme Fiction*). Ele não estava pensando de forma pedagógica ou atlética, mas podia muito bem estar.

Uma vez, perguntei a um instrutor jovem, atraente e agradável como e quando ele começara a dançar. Ele dançara quando criança ou adolescente? Ah, não, disse; ele praticara esportes na escola. Na verdade, muito antes, ele tivera uma namorada que o rejeitara. *Cherchez la femme!* Quando lhe perguntou a razão, ela respondeu, talvez procurando uma desculpa qualquer, que era porque ele não sabia dançar. Aprender foi sua vingança. Não apenas aprendeu a dançar, como também encontrou a futura esposa no estúdio. Agora, eles são os proprietários. A dança como um prelúdio para o cortejo funciona para alguns. As pessoas encontram romance até onde e quando menos esperam. Como ele aprendera? "Nos primeiros meses, simplesmente ficava de pé diante do espelho por horas a fio, mexendo-me para frente e para trás." Assim, ficou pronto para outras possibilidades. Se conseguir aguentar o treinamento básico sem enlouquecer ou adormecer, você estará pronto para mais. Certa vez, impacientemente, pedi à minha professora de dança que me ensinasse alguns passos *novos*, mas ela, com inteligência, respondeu: "Ou lhe ensino passos novos *ou* lhe ensino a dançar." Então, voltei à estaca zero.

O básico tem muito a ensinar. Dançar tem muito em comum com atividades como o tênis ou o xadrez. Sempre se deseja praticá-las com alguém de seu nível ou acima dele, mas muitas vezes você é obrigado a praticá-las com alguém não tão bom. Uma diferença, claro, é que, na dança, você trabalha junto com seu par, e não contra ele. E, embora os passos sejam sempre os mesmos, cada par é diferente, então nunca se termina de treinar as manobras mais simples. Um jogador de golfe me contou (verdadeira ou não, essa história é ótima) que todas as primaveras ele importuna seu primeiro professor ao pedir: "Me ensina a jogar golfe." E eles começam com o manejo do taco, a abordagem da bola, a postura correta, a sequência zen inteira de preparação antes da tacada. De qualquer forma, essa é uma fábula instrutiva, mas, uma vez que, em minha versão do mito, o jogador de golfe em questão era Arnold Palmer, percebe-se que mesmo o melhor jogador ou artista volta, todas as vezes, ao ponto de partida da atividade, assim como todo pintor ou poeta, ao se confrontar com a tela ou a página em branco, precisa almejar passar do primeiro movimento ao produto acabado. Um jogador de tênis passa horas batendo bolas sobre uma rede antes de jogar com um parceiro; um jogador de basquete pratica arremessos à cesta sem qualquer colega de equipe para ajudá-lo. Fazer o básico na pista, repetidas vezes, não apenas constrói confiança, mas também torna automáticos os movimentos elementares ao aperfeiçoá-los. Uma vez, uma mulher glamorosa, uma dançarina excelente, me convidou para dançar com ela em uma festa. Hesitei e disse: "Não sou digno de tocar a barra do seu vestido." Ela riu e respondeu: "Olha, deixe-me dizer uma coisa. Em primeiro lugar, qualquer mulher preferiria dançar com um iniciante a simplesmente não dançar. Em segundo lugar, mesmo que você domine apenas dois movimentos, estou quase tão feliz de fazer apenas isso quanto estaria fazendo os mais complicados." Que alívio motivador aquelas palavras me deram! E lá fomos nós, eu agradecido pela gentileza compreensiva dela; ela, feliz em valsar do jeito menos floreado possível, pelos próximos três minutos.

Como um professor que virou aluno, não sinto apenas que estava sendo ensinado e humilhado nas aulas, como também fiquei mais consciente com relação ao que meus alunos passam quando os faço dar seus passos acadêmicos. Preciso lembrar: *eles* estão lendo um poema pela primeira vez, e eu pela quadragésima. Talvez eu deva retroceder ou ir mais devagar. Todo professor de dança tem um método, estilo ou técnica de instrução diferente. Cada um utiliza uma linguagem diferente, frequentemente simbólica, para explicar os fenômenos físicos que não entendemos, a não ser por meio dos músculos ou, embora abstratamente, de metáforas: "É como segurar uma bola de praia e ter de girar o corpo inteiro para movê-la"; "É como tentar andar na areia molhada quando os pés afundam nela"; "É como ficar dando chutes para tirar sujeira da sola do sapato"; "É como girar o pulso rapidamente para olhar o relógio"; "É como ter um muro imaginário entre vocês, o qual nenhum dos dois pode violar." Assim são as instruções. Os dançarinos natos podem observar um professor dar um passo, até mesmo uma sequência inteira deles, e depois fazer uma rápida, ainda que imperfeita, imitação. Eles entendem de forma correta, imediatamente. O restante de nós precisa repassar a sequência até a mente ficar atordoada e podermos fazê-la de olhos fechados ou dormindo. A prática leva à perfeição ou, ao menos, ao possível.

Assim como há estilos de instrução, também há os de aprendizagem. Os dançarinos natos absorvem pelos olhos; o resto de nós o faz por meio de uma combinação de números e linguagem. Se você conhece alguns nomes elementares — as cinco posições dos pés, o giro sob o braço, o balanço para a frente, *promenade*, *chassé* —, fica mais fácil fazer os movimentos. Se não consegue contar, você tende a ter problemas. E não ser capaz de ouvir a batida é provavelmente o maior dos obstáculos ao sucesso. No início de minha vida de dança adulta, alguns amigos me convidaram para participar de um grupo em sua academia (um homem solteiro é sempre bem-vindo) que faria uma excursão noturna ao velho Rainbow Room do Rockefeller Center, bem antes de seu fechamento desafortunado e posterior renascimento. Hesitei, mas achei que seria interessante. Disse-lhes que havia três fatores a meu favor como dançarino: gostava de dançar, não me importava em fazer papel de bobo (esse fator também promove o bom ensinamento) e conseguia ouvir a batida da música mesmo que meus passos não fossem nenhuma maravilha. Os que não conseguiam seguir o ritmo da valsa fariam melhor se ficassem nos socos e cotoveladas da dança solo estilo punk. O entusiasmo conta muito, mas só até certo ponto.

Na sala de aula, também se aprende outra lei básica da dança: o homem conduz, a mulher, ou, como ela é invariavelmente chamada, a "dama", segue. Dançar pode ser a última arena de um sexismo ultrapassado, embora também honre em parte o fenômeno da "liderança invertida", que permite à mulher, em momentos difíceis, dirigir seu par de modo a se esquivar de perigos na pista de dança e evitar colisões. Normalmente, porém, todas as decisões são, para o bem e para o mal, do cavalheiro. As feministas podem objetar. A ativista Jill Ruckelshaus observou com sinceridade e um grande grau de justificativa psicológica e política em uma palestra de 1973: "Ocorreu-me, quando tinha 13 anos e usava luvas brancas e tranças e frequentava a escola de dança, que ninguém precisava dançar para trás a vida inteira." Porém, sua metáfora, embora impactante, era problemática. Ela se enganara com relação à realidade da dança: o homem *conduz*, e o movimento pelo salão começa quando ele vai para a frente e seu par para trás, mas decididamente a mulher não "dança para trás" a maior parte do tempo, muito menos durante todo ele. Professores e professoras aprendem os dois papéis e todos juram que aprender a se movimentar para trás é fácil se comparado com a obrigação de conduzir.

Essas questões de poder e controle têm outras implicações, muitas vezes divertidas, para qualquer teórico do gênero. Nos Gay Games em Nova York, vários anos atrás, um casal composto por um homem e uma mulher foi desclassificado na competição de dança de salão. "Mas nós dois somos gays," disseram. Não importava: a gerência exigia casais do *mesmo sexo*, não necessariamente gays. Em outras palavras, dançar pode tornar indistintas as questões de identidade, em vez de esclarecê-las. O Round-Up Saloon, o salão de dança *country-western* mais popular de Dallas, se destina, principalmente, a uma clientela masculina gay, mas todos se sentem em casa lá. Quando os rapazes vestindo roupas de caubói — chapéus de aba larga, cintos largos com fivelões, jeans, camisas extravagantes com botões de madrepérola e botas com desenhos em relevo — começam a fazer o *pasodoble* ou a valsar pelo salão, girando e rodando ao mesmo tempo, às vezes é difícil entender quem conduz e quem segue. E essa é a questão. Alguns dançarinos preferem uma posição somente, enquanto outros podem assumir os dois papéis. Líder/seguidor? Ativo/passivo? Lésbica/fêmea? Em cima/embaixo? É difícil saber, e o mais importante, não faz muita diferença quando você está dançando. Ao girar, as duas pessoas se tornam uma só.

Acaba que o estranho hábito de o homem conduzir, e suas implicações, é mais amplamente reconhecido e aceito do que se esperaria em nossa idade pós-feminista. Uma vez, em uma festa com alguns de meus alunos, ouvi um jovem lamentar sua falta de sucesso com as mulheres. As alunas pareceram curiosas e solidárias, até mesmo entretidas. Disse ao sujeito e às colegas dele: "Olhe, garoto, é sempre bom ou conveniente ser bonito, rico, bem-sucedido, poderoso, inteligente, gentil — e muito mais —, mas, se tudo o mais não der certo, se você aprender a ser um bom dançarino, é muito provável que alguma garota o ame." A maioria das universitárias concordou sorrindo. Não são apenas os jovens com hormônios em ebulição que apoiam essa ideia. Quando mencionei que estava dançando, uma colega minha, feminista ferrenha, disse: "Ah, eu adoraria dançar, mas preciso de um homem bem forte para me conduzir." Disse-lhe: "Não vou revelar seu segredo a ninguém", mas ela tocara em um ponto importante: embora usar a força seja estritamente proibido, um homem que sabe como conduzir — com poder suave — pode fazer qualquer mulher pensar que ela sabe o que está fazendo. O oposto também é verdade quando o sapato, digamos assim, está no pé do outro: nunca me sinto mais hábil e talentoso como quando danço com um profissional capaz de interpretar meus gestos hesitantes, às vezes desajeitados, e de me ajudar a transformar cambaleios em deslizes suaves. Não importa quem nominalmente conduz ou domina a dança, dançar é invariavelmente um esforço conjunto. É seu dever, seja lá quem você for e com quem estiver dançando, fazer seu par, não você mesmo, parecer bom.

Aprende-se muito mais também. Dançar ensina graça, uma qualidade igualmente atraente em homens e em mulheres.

"A verdadeira facilidade na escrita vem por meio da arte, não da sorte", escreveu Pope em seus *Essays on Criticism*. "Assim como aqueles que aprenderam a dançar se movem com mais facilidade." Cabeça erguida, ombros baixos, a postura sólida e reta, os braços fortes, mas não dominadores, o espaço entre os pares inviolado: essa é a posição a manter e honrar durante todos os movimentos. Você sempre pode identificar uma bailarina andando na rua pelo corpo característico e pelo andar com as pontas dos pés viradas para fora. Também pode identificar um bom dançarino de dança de salão pela combinação de sua postura ereta, atitude e apresentação. Mas a apresentação, assim como a aparência em geral, pode às vezes enganar. Assim como ocorre com o sexo, você pode olhar para alguém e dizer para si mesmo: "Cara, aposto que seria divertido [dançar ou fazer alguma outra coisa] com [ele ou ela]." Não se fie nisso. Olhe pelo salão. A loura encantadora, magra e com pernas longas no canto, aquele clone da Grace Kelly, pode ter uma postura vacilante e braços de espaguete insuficientemente fortes para aquilo que o cavalheiro pretende fazer. Ela pode ser incapaz de perceber o ritmo. Parada, de pé, ela é tão bonita quanto uma pintura, mas fica inteiramente morta quando começa a se movimentar. Por outro lado, a sra. Quadrada-e-Baixa, pouco atraente, pode ser tão leve como uma pena e se movimentar com completa habilidade e segurança. O peso do corpo não tem qualquer relação com a elegância do movimento. O cara arrumado como um amante latino, vestindo uma camiseta preta sem mangas? Quando tem a dama em seus braços, tudo que consegue fazer é movê-la com força, empurrando-a e atropelando tudo que estiver na frente; atrapalhando todos os outros casais no caminho, como uma força destruidora. Não é um bom dançarino, não importa a sua aparência. Lá, no meio, observe o cavalheiro mais velho, ligeiramente curvado, um dançarino veterano que economiza todos os recursos e sabe como movimentar-se e a seu par com o mais suave dos sinais. Dançar com ele é tão intenso e delicioso quanto manteiga. O *Tango Argentina*, um grande espetáculo que fez turnê pelos Estados Unidos em meados da década de 1980, era composto por dançarinos de meia-idade, gordos e troncudos, que pareciam a tia-avó ou o tio-avô de qualquer um. Quer dizer, até se movimentarem. Aí, você podia ver o que os anos de treinamento lhes permitiram fazer: ficar absolutamente rígido da cintura para cima e sinuosos e flexíveis da cintura para baixo, à medida que as pernas se trançavam em posições raramente consideradas possíveis para pessoas que permanecem verticais. Os melhores dançarinos combinam força e graça, ferro e seda.

Tal graça tem suas compensações. À medida que se melhora, é possível impressionar os iniciantes ou espectadores ao executar o mais modesto dos movimentos com sucesso até relativo. Há muitos anos, antes de um casamento de família, meus primos, os pais da noiva, decidiram fazer algumas aulas para não se constrangerem no salão. Durante um intervalo em que a banda saíra para descansar e foi tocado um foxtrote de Frank Sinatra, tirei minha prima Paula para dançar. Enquanto deslizávamos pelo salão vazio, girando e circulando pelo parquete, uma de suas velhas amigas a chamou e perguntou: "Paula, esse é seu professor de dança?" Compreendi que a pergunta significava que era possível enganar algumas pessoas durante algum tempo, ou que meu investimento colhera dividendos incalculáveis. Em outro casamento recente — de um colega de faculdade —, tive a sensação de que os maridos, agradecidos, ficavam aliviados por deixarem as esposas aos meus cuidados. "Tira minha mulher, por favor", eles poderiam ter dito, exceto pelo fato de que as próprias mulheres já faziam fila. Quem poderia desconfiar como é barato ser popular, ao menos durante algumas horas?

No mundo ocidental secular, carente dos rituais religiosos da Grécia antiga ou do misticismo oriental, a dança ensina outro tipo de graça, a mais importante de todas: boas maneiras. Jane Austen sabia do que falava. Essa graça forma o fundamento de uma sociedade diversificada ao encorajar, e até mesmo exigir, a cortesia. As professoras de dança ("aquelas senhoras corajosas", como Donald Justice as chamou em seu poema afetuosamente rememorativo "Dance Lessons of the Thirties") que nos ensinaram a abordar a garota — na verdade, *toda* garota — e dizer "Você me daria a honra desta dança?" nos instruíram sobre a bela arte da generosidade social. Todos se lembram da sequência: estenda a mão, leve o par até a pista de dança e, ao fim, leve-a de volta para seu lugar e agradeça. E, depois, siga adiante. Em um lugar de dança social, é responsabilidade de todo cavalheiro tirar todas, a pior — sobretudo a pior — das damas, assim como a melhor, para dançar. Embora tenha me referido anteriormente ao sexismo um tanto reacionário da atividade, felizmente chegamos, pelo menos, a um ponto social em que as mulheres mostram pouca relutância para tirar um cavalheiro para dançar. Nem homem nem mulher deveriam ficar plantados, sem dançar. Todo mundo tira todo mundo para dançar. Ao permitir com cortesia que todos tenham acesso à pista de dança, você também vê um símbolo da democracia em ação. Ceder em nome de seu par, ou se adaptar às capacidades e necessidades dele, ensina mais lições sobre tolerância do que qualquer aula de cidadania. Ter boas maneiras significa adaptar-se aos outros. Isso sustenta meu argumento sobre os dançarinos poderem ser pessoas melhores do que os não dançarinos, contanto que levem essas lições com eles ao saírem do salão. A dança ensina a conscientização, a ter consideração e a ser gentil: que outra atividade faz isso?

Considere também o verdadeiro consolo oferecido pela brevidade. Ao contrário dos esportes, uma única dança dura um tempo relativamente pequeno. Realizar suas obrigações sociais e dançar com o iniciante mais grosseiro ou o parceiro mais desajeitado nunca durará muito. Às vezes, você pode temer estar andando em uma montanha-russa rumo ao inferno com um par imbecil com três cabeças e três pernas. Esse é o destino terrível da narradora azarada de Dorothy Parker em seu deliciosamente sarcástico "The Waltz", que lamenta: "Odeio essa criatura à qual estou ligada. Eu a odiei desde o momento em que vi seu olhar atravessado e seu rosto animal. Cá estou eu, presa em seu abraço nocivo pelos 35 anos que esta valsa já dura. Essa orquestra nunca vai parar de tocar?" Claro que vai, e a mulher ferida e zangada voltará à sua mesa, ligeiramente contundida, mas sem ferimentos mais graves do que um par de canelas esfoladas, e esperará por algo melhor da próxima vez. Uma boa dança se equipara a um romance curto; uma ruim é facilmente esquecida.

Muitos escritores — até mesmo homens — tiveram algo mais positivo a dizer sobre a dança do que Parker. Wordsworth, o mais seco dos românticos britânicos, reconta em *The Prelude* sua lembrança de se entregar à poesia durante as férias de verão, após dançar a noite inteira até o amanhecer. "A dança de Wordsworth" certamente soa como um paradoxo, mas o "barulho dos instrumentos e os pés se arrastando,/E formas indistintas" precedem "toda a doçura de um amanhecer corriqueiro", no qual sua dedicação vocacional para trabalhar no campo da poesia é feita, inconscientemente, para ele. Bailar nos campos antes de uma decisão vocacional importante: isso foi pura coincidência ou uma questão de causalidade?

Perto do final da vida, em um tom um pouco diferente, o contemporâneo de Wordsworth, William Hazlitt, escreveu um ensaio para o filho de 10 anos, "On the Conduct of Life; or Advice to a Schoolboy", que contém as seguintes recomendações:

> Com relação a seus estudos e exercícios escolares, desejo que aprenda latim, francês e a dançar. Insisto na última mais especificamente, não só porque é mais provável que seja a mais desprezada como também porque ela será a responsável pelo seu sucesso na vida. Praticamente tudo na vida depende das primeiras impressões; e estas dependem (além da *pessoa*, que está além de nosso poder) de dois fatores: *aparência* e *discurso*, que todos podem controlar com a devida atenção.

Se Hazlitt tivesse conhecido o tango, poderia ter alongado sua vida por mais uma década? Provavelmente não, mas com seu sentido maduro do "discurso" que está ao alcance do indivíduo, ele encoraja o filho a seguir as regras do decoro e da cortesia, das quais dependem as "primeiras impressões" pessoais e, em seguida, o intercâmbio social. O psicólogo Havelock Ellis deu um passo adiante em seu *The Dance of Life*: "Dançar é a mais sublime, a mais emocionante, a mais bonita das artes, pois não é uma mera tradução ou abstração da vida; é a própria vida."

Embora seja frequentemente associado ao narcisismo ou simplesmente ao exibicionismo pessoal, no fim das contas o ato de dançar permite escapar e até mesmo transcender. Ao fim de minha noite feliz no Rainbow Room, disse adeus a 13 diletantes com quem passara o tempo. Eles iam para Nova Jersey; eu caminharia de volta para casa. Era Nova York em junho, quente e encorajador. Era tarde, mas a Fifth Avenue ainda estava cheia de turistas, amantes, caminhantes e passeantes. Estava feliz, não bêbado. Finalmente, meu Walter Mitty interior brotou. Tenho uma lembrança visceral de ter girado exuberantemente ao redor de um poste (Gene Kelly, *Singin' in the Rain*), atirado meu casaco sobre o ombro e afrouxado a gravata (Frank Sinatra, na capa de um de seus LPs da década de 1950), girando com um par imaginário, uma Ginger invisível para meu Fred desajeitado e diletante. "Talvez milhões de pessoas passem, mas só [tenho] olhos para você", nem para ela nem para mim mesmo, mas para a atividade da qual me tornara simultaneamente testemunha e praticante. Qualquer dançarino pode sentir que está se tornando uma versão do "corpo oscilando com a música" de Yeats, passivo e ativo (o corpo "oscilando" e também "oscilado"), manifestando vontade e poder e, ao mesmo tempo, se liberando. Você se ajusta às necessidades de seu par e também às demandas da música: colocando-se a serviço de outro indivíduo e da música em questão, você se torna uma versão alterada, porém aperfeiçoada, de si mesmo. Isso não significa dizer que dançar o torna, do ponto de vista ético, uma pessoa melhor; ou do psicológico, uma pessoa mais estável, mas o faz mais feliz, e parte dessa felicidade tem origem nas interações com outras pessoas.

A absorção completa sobre a qual Willa Cather escreveu vem, na dança, primeiro por meio da atenção àqueles detalhes — de cortesia, postura, movimento, trânsito — que constituem o desempenho da atividade. Tal concentração leva paradoxalmente à liberdade, à liberação e a um sentido apurado de graça. A partir de inícios grosseiros e passos hesitantes, surgem lucidez e clareza. Se dançar significa autoexpressão, também é abnegação. Perde-se o sentido de personalidade individual: arrastados que somos para dentro da música, na verdade nos tornamos parte dela. Por mais estranho que pareça,T. S. Eliot adorava dançar, tanto quando jovem quanto mais tarde na vida, quando se casou pela segunda vez — feliz — após o fracasso do primeiro casamento. Ele escutava música, sem se mexer, mas seu bom senso epigramático é válido para uma sensação assim como para a outra: "música ouvida tão profundamente/Que não é ouvida de forma alguma, mas você é a música/Enquanto ela existe" ("The Dry Salvages", *Four Quartets*). Por fim, os prazeres da dança estimulam uma apreciação da vida artística, além de uma participação nela, sobretudo com relação ao que Kant chamou de sua "finalidade sem fim" essencial. A dança não tem absolutamente qualquer utilidade. Mas não é fácil. Em 1922, Heywood Broun admitiu que "tudo o que se pode dizer sobre o trabalho em comparação com a dança é que esta é muito mais fácil". Podemos falar sobre seus benefícios (cardiovasculares, espirituais, sociais, psicológicos) e suas comparações metafóricas ou simbólicas, mas, quando a orquestra começa a tocar, saímos para o centro da pista mais uma vez com os objetivos e a alegria (Stevens novamente) de "simplesmente circular". Há anos, no Round-Up Saloon, percebi uma diferença entre os caubóis dançantes e, extrapolando, quaisquer outros casais e pessoas que via nas discotecas: enquanto estes pareciam estar fazendo caretas, aqueles sempre sorriam.

Escrevi que este livro tem uma de suas raízes no foxtrote. Isso aconteceu durante o Midsummer Night Swing, no Lincoln Center, onde, por três semanas a praça é transformada em uma pista de dança gigante. É preciso pagar para entrar, mas não custa nada ficar no perímetro de concreto e dançar a noite inteira até cair. Vi dançarinos de todos os tamanhos, idades, raças e habilidades. Ao longo dos anos, Kitty Carlisle Hart, Robert Duvall e Al Pacino foram vistos no meio da multidão. Quem sabe quantas outras celebridades não estiveram lá incógnitas? A noite começa com aulas gratuitas, seguidas de uma banda, ou várias, frequentemente com um tema, estilo ou foco determinado: balanço do West Coast uma noite, salsa na outra. As pessoas improvisam juntas e ajudam umas as outras. Os iniciantes aprendem paciência e disciplina, os mais adiantados improvisam. Um homem gorducho de meia-idade, com rabo de cavalo, joga com facilidade seu par por cima da cabeça e entre às pernas, sem nunca perder o ritmo. Mauricinhos presunçosos da Wall Street gradualmente se libertam, soltando o nó das gravatas e os quadris. Um casal veterano dos salões do Harlem de meio século atrás rodopia e gira como se o tempo, mas não seus pés, tivesse parado. Um típico suburbano de Scarsdale, de camisa havaiana e bermuda, dança energeticamente com sua mulher formalmente vestida, ao lado de um representante da Geração X, de terno *zoot suit* e bigode fininho, e sua garota em meias curtas e sapatos dos anos 1950. Fantasias ou roupa do dia a dia, não importa o traje, contanto que você esteja lá. Os garotos com *piercings* e cabelo *funky*, que parecem nunca terem se aventurado ao norte da Fourteenth Street, dançam tão bem que fazem você pensar que fizeram isso a vida inteira. Perguntei a um desses tipos, um jovem que estudava para ser escultor e cujo traje incluía suspensórios e brincos (algo antigo, algo novo), se isso era verdade, e ele disse: "Ah, não, só por três meses."

Quem está dançando? Todo mundo. Não apenas viúvas com um vazio emocional, solteiros infelizes, internautas envergonhados. O Midsummer Night Swing é um quadro em miniatura da democracia em ação. Sorrisos são vistos por todos os lados nessas noites de verão na praça. Ao sair, parei para trocar umas palavras com uma mulher em cadeira de rodas — uma das muitas que vi nas laterais — que ficara batendo com as mãos e os pés ao ritmo retrô de Panama Francis and the Savoy Sultans. Perguntei se ela costumava dançar, e ela respondeu: "Claro." "Você fica triste por não poder mais dançar?" "Ah, não. Adorava dançar. Agora, adoro assistir. Não é tão bom quanto a dança em si, mas com certeza é melhor do que nada." Ela também tinha um sorriso no rosto, feliz da vida por participar da festa.

Mais de cinquenta anos atrás, a filósofa Susanne K. Langer descreveu "a função extática" de dançar como o transporte de dançarinos de um estado profano a um sagrado. Ela concebia a dança como um rito religioso; em nossa época, ela acrescentou, o transporte vai da "realidade" ao "romance", o que acontece em uma apresentação diante de uma plateia. Porém, a plateia também é transformada, e, com seu jeito modesto, pode tornar-se participativa, como a idosa presa a uma cadeira de rodas. Os que podem fazem; os que não podem testemunham e, por meio da experiência alheia, compartilham a alegria do movimento. O mesmo ocorre com as pessoas nos asilos, agora confinadas a andadores e cadeiras de rodas e capazes apenas de fazerem exercícios e ioga na cadeira. Onde há vida há — até o fim —, pelo menos, uma mobilidade modesta.

O foxtrote, como a valsa, o *pasodoble*, a polka, o suingue e todos os outros não têm nenhuma *raison d'être.* Só há uma justificativa para eles. Gostaria de entender o advérbio de Wallace Stevens — na frase "simplesmente circular" — antes citado, não em seu sentido moderno e menosprezador nem em qualquer outro tom irônico, mas em sua verdade etimológica: "simples" significa "puro", "não diluído", "perfeito". Da mesma forma, dançar de novo e de novo pelo salão produz o sentimento humano que participa do essencial e do ornamental em medidas iguais, no que Wordsworth, no prefácio a *Lyrical Ballads*, descreveu como o "grande princípio elementar... que constitui a dignidade nua e crua do homem": *prazer*, puro e simples. Ao perseguirmos tal prazer, estamos sendo perseguidos e tomados pela felicidade.

5 *Ouvir*

Embora trate da música, este ensaio abre com uma busca pelo silêncio.

Em 12 de setembro de 2001, na esteira da tragédia ocorrida na véspera, as vozes começaram sérias: não apenas as dos jornalistas, comentaristas e analistas de notícias, cujos relatórios essenciais aguardamos avidamente e nos prenderam a atenção por 24 horas, mas também as de diversos pregadores, políticos e defensores da piedade. Nunca a inadequação da linguagem pareceu mais impressionante, ou as estridências nocivas da voz humana, mais irritantes. Nunca o silêncio foi mais bem-vindo, consolador, até mesmo necessário. Suponho que alguns de meus camaradas cidadãos sentiram-se confortados ao ouvir as autoridades públicas e ao verem os membros do clero brandirem os punhos, jurarem vingança e convocarem a divindade. No entanto, eu não queria palavras, fossem de burocratas bem-intencionados ou vingadores fanáticos. As únicas palavras que me pareciam sábias e significativas em 11 de setembro e daí em diante foram as do poema de 1938 de William Butler Yeats, "Lapis Lazuli": "Todas as coisas caem e são reconstruídas,/E aqueles que as reconstroem ficam alegres." Olhando os últimos vinte anos, para um conjunto de desastres, e para adiante, para outro já no horizonte europeu, Yeats não se lamenta, nem explica por que eventos horríveis ocorrem. Eles simplesmente acontecem. Seu poema está longe de oferecer uma combinação inteligente ou esperançosa de consolação e retaliação que possa ser atraente para uma plateia zangada e enlutada; ao contrário, ele articula os fatos históricos frios e verdadeiros.

Quando o discurso carece de sentido, a música oferece algum conforto, mas, acima de tudo, eu desejava tranquilidade. Então, fui à igreja, uma igreja pouco convencional, apropriada para uma pessoa pouco convencional.

Aqueles de nós cuja matéria-prima é a linguagem estão conscientes do que ela pode ou não fazer. Em tempos conturbados, como e onde encontramos consolação? Até mesmo um rebelde da religião como eu é visto entrando em locais de culto, muitas vezes por causa de um casamento ou funeral; às vezes, pelo prazer estético das realizações artísticas e, uma vez na vida e outra na morte, pela necessidade de testar as águas que atendem pelo nome de espiritualidade. Como Philip Larkin, cujo "Church Going" descreve a visita a uma igreja campestre em termos de uma combinação de incredulidade e curiosidade, e como inúmeros outros descrentes, às vezes me percebo atraído por ela. Larkin termina seu poema assim:

Uma casa séria em terra séria ela é,
Em cujo ar sagrado todas as nossas compulsões se encontram,
São reconhecidas e paramentadas como destinos.
E isso tudo nunca pode ser obsoleto,
Uma vez que alguém sempre se surpreenderá

Com fome de mais seriedade,
E gravitando com ela para este chão,
Que, ele ouviu certa vez, era próprio para se tornar mais
[ajuizado,
Ao menos por causa do número de mortos que repousam no
[local.

A fome humana de seriedade, uma compulsão inata a encontrar sabedoria e autoridade, nos faz gravitar, isto é, descer até as construções cujos pináculos atingem as alturas. Temos esperanças e também dúvidas. Até os ateus, e sobretudo os agnósticos, conseguem olhar com desejo para as estruturas religiosas, tanto para suas construções quanto para suas ideologias, com inveja, nostalgia e também descrença. Em "High Windows", outro poema que lida com a fé, Larkin reconhece o declínio histórico e cultural da autoridade religiosa, a mão de ferro da instituição anglicana, mas depois volta sua atenção para cima, para as janelas da igreja e através delas, as quais apagam a linguagem. Elas nos fazem lembrar do grande além da aspiração humana e, ao mesmo tempo, da improbabilidade da salvação:

Em vez de palavras, surgem pensamentos de janelas altas:
O vidro que compreende o sol,
E além dele, o ar profundamente azul, que mostra
Nada, e é lugar algum, e é infinito.

Dentro da capela campestre vazia de "Church Going", Larkin ouviu o silêncio. Agora, pensando sobre "janelas altas", ele novamente passa das palavras ao silêncio, da sociedade ao céu. No fim das contas, nada "compreende" além de dúvidas humanas e de nossas necessidades individuais para transformá-las,

Larkin não chega a uma conclusão concreta. Ele duvida e procura; reconhece a infinidade e a nulidade do ar azul profundo, para o qual olhamos, sempre a certa distância, com desejo.

Nostálgico, pensativo e cheio de dúvidas, como Larkin, busquei o silêncio e a comunidade no domingo após o desastre em uma reunião de quacres, uma forma de culto que conhecia da Filadélfia, minha cidade natal, assim como de Boston e mesmo de Dallas, onde uma pequena filial da Sociedade dos Amigos consegue manter-se unida na terra das armas, em um estado que cultua a pena de morte. O que os Amigos de George Fox aperfeiçoaram há mais de três séculos ainda exerce apelo profundo para os cristãos e agnósticos anti-hierárquicos e críticos dos poderes estabelecidos. A simplicidade do credo quacre — de que a luz interior brilha dentro de todos nós e, portanto, toda vida humana é sagrada — vai de encontro aos mistérios da transubstanciação cristã, ao esplendor e à liturgia. Ficar sentado, calado e sereno, em um banco com encosto duro durante uma hora, levou-me o mais perto possível de uma experiência religiosa. Calculo o sucesso das reuniões dos quacres na medida inversa do tempo que preciso para ouvir os outros falarem. O silêncio é melhor; o discurso é intrusivo. Deve-se falar apenas quando movido por um espírito interior. "O discurso após um longo silêncio", disse Yeats num contexto diferente.

Uma vez que os quacres aprenderam a arte da brevidade e são advertidos para não usarem a reunião como uma plataforma ou um púlpito, em geral eles falam suavemente, com pouca ênfase, e vão direto ao ponto. Como parte da reunião, somos forçados a ouvir a verdade, assim como somos forçados a buscar a luz interna presente em todas as pessoas, mesmo ou especialmente naquelas que parecem menos passíveis de incorporá-la. Pense nela em termos de outras atividades profissionais. Considere a forma como um psicanalista é treinado para ir além das palavras do paciente, ouvir os significados subjacentes e trazer à consciência o que está sendo dito. Um professor também deve ouvir o que seus alunos dizem. O leitor de um poema procura seu tom, os significados subjacentes aos significados. Ouvir exige, acima de tudo, paciência.

Uma vez, perguntei ao ilustre pianista americano Richard Goode quem fora seu professor mais importante. "Mieczyslaw Horszowski", ele respondeu sem hesitação, referindo-se ao velho mestre que morrera um mês antes de seu 101° aniversário, em 1993, mas que ainda se apresentava e ensinava até quase o fim. Goode estudara com ele quando jovem, no Curtis Institute, e depois voltou para afinamentos, atualizações ou sessões de treinamento eventuais. "O que ele disse a você que lhe foi útil?", perguntei. "Não se trata de ele ter dito algo específico", Goode respondeu, "mas ele *ouvia muito atentamente*". A concentração total do mestre comunicava verdades profundas ou as dicas do ofício para o sempre atento estudante, que se tornara agora um adulto.

Naqueles dois primeiros domingos depois dos ataques, sentei em silêncio e, enquanto outros falavam, prestei atenção às suas palavras. Tentei ouvir com muita atenção. A maior parte do tempo, fechava os olhos e sentia minha pressão arterial abaixar. Ao fim de uma hora, quando o líder do dia virava-se para a pessoa ao seu lado e dizia "Bom-dia", iniciando uma sequência de cumprimentos em toda a assembleia, eu reiniciava a vida normal, diária e mundana. As pessoas me perguntam por que faço questão de dirigir até uma reunião silenciosa, em vez de sentar calmamente em casa e meditar, no melhor estilo budista, sobre meu tapete. Digo-lhes que há poder tanto quanto conforto em cercar-se de outras pessoas, muitas das quais são pacifistas gentis e têm ideias afins. A comunidade se torna importante, mesmo em silêncio, porque um grupo em silêncio fala muito.

O que ocorre com o silêncio ocorre com o som: às vezes, a solidão é a melhor companhia e, em outras ocasiões, você quer compartilhar uma experiência ouvida com outros. O estudioso de literatura e música Lawrence Kramer disse, após 11 de setembro, que não conseguia ficar sozinho com seus CDs, que ele se consolava com a música apenas na companhia de outras pessoas. A tristeza gosta de companhia; a presença de outra pessoa revigora uma experiência auditiva.

Frequentemente, a música — mais do que outros tipos de som, sobretudo a linguagem — nos permite escutar e ouvir as fontes mais profundas do conhecimento. A música concede entrada para o que Wordsworth chamou de "pensamentos que muitas vezes são profundos demais para as lágrimas", com o que ele também queria dizer profundos demais para as palavras. Para uma pessoa mundana, a música oferece a experiência mais próxima da transcendência a que ela provavelmente jamais chegará. Quando Walter Pater disse que "toda arte aspira continuamente à condição da música", ele queria simplesmente dizer que toda arte deseja atingir esse lugar — mais profundo ou elevado do que o lugar dos políticos e pregadores do 11 de setembro — que ultrapassa a capacidade da linguagem de enganar e confundir. E, quando Goethe chamou a arquitetura de "música congelada", queria dizer que a forma pura, seja no tempo ou no espaço, tem determinados significados e formas de sentimentos que existem além de nossa capacidade de nomeá-los.

Após um ano, após a tagarelice dos sermões e discursos, uma cerimônia memorial foi realizada no local do ataque, o Ground Zero. Para mim e para outros, a parte mais comovente do serviço também foi a mais simples, o momento no qual as palavras foram usadas apenas como rótulos: a declamação dos nomes dos mortos de A a Z. Eram palavras isentas de comentários, análise e adornos; eram palavras além da emoção humana. E disseram tudo que poderia ser dito: aqui estão as pessoas, as vítimas, as Nações Unidas dos mortos. O tributo mais simples foi o menos pretensioso, aquele que menos aspirou a explicações ou vingança. Foi o tributo que mais se aproximou da condição da música, assim como as biografias pequenas e modestas publicadas ao longo dos meses seguintes no *The New York Times* com o título neutro "Portraits of Grief" [Retratos da dor] captaram muito melhor a normalidade gloriosa das vítimas daquele dia do que os tributos funerários. Nenhum embelezamento, apenas uma história ou duas, frequentemente banais e, portanto, sempre provocadoras de lágrimas. A impessoalidade absoluta da recitação transmitiu uma profundidade de sentimento maior do que qualquer articulação mais grandiosa que poderia ofender nossas sensibilidades estéticas. Por tão poucas pessoas saberem produzir eloquência genuína, é sempre melhor restringir-se a um roteiro simples e direto.

A maior parte do tempo, nos dias que se seguiram aos ataques de 11 de setembro, desliguei a televisão e o rádio, calei as cabeças falantes e ouvi música: os últimos quartetos de cordas de Beethoven, prelúdios e fugas de Bach, concertos de piano de Mozart, *concerti grossi* de Handel. Algumas décadas antes, no fim de semana de 22 de novembro de 1963, meus colegas de quarto na universidade e eu tocamos missas e réquiens — de Bach, Mozart, Beethoven, Brahms, Verdi, Fauré e Stravinski — e sentamos em silêncio e choramos pensando no presidente Kennedy è nos eventos em Dallas e Washington. Todas essas composições, tenham ou não palavras, são símbolos e forças de ordem, equilíbrio e concentração. Elas existem nos ouvidos dos ouvintes e são totalmente independentes do desejo humano por poder. Compostas por seres humanos vivos, sobretudo os réquiens e as missas fúnebres, incorporam a verdade uma vez articulada por George Bernard Shaw em resposta às grandes árias de Sarastro em *A flauta mágica*, de Mozart: "A única música já escrita que não soaria estranha na boca de Deus." Elas dão provas do poder divino.

As convenções musicais variam de cultura para cultura. Um ocidental não entende as escalas e harmonias da música oriental sem prática, estudo e exposição a ela. No entanto, a música possui charmes supostamente universais. Para as pessoas que vivem consciente e obsessivamente na linguagem e com ela, a música possui alguns charmes especiais. Quando crianças, após as sensações originais de toque e cheiro, os sons chegam a nós muito antes da visão. Os bebês, nos berçários neonatais, conseguem reconhecer desde o início, mesmo a determinada distância, as particularidades da fala maternal — seu volume e tom especiais, ou até mesmo suas palavras — e conseguem distinguir a própria língua nativa da de outras crianças. Não é à toa que se diz "língua materna" ou "*mame loshn*". Os sons nos ligam à criação, aos pais, assim como às mães, à divindade. Deus criou o mundo com um comando ("Que haja luz") e o Evangelho de João nos lembra de *logos*, a palavra: "No começo, a Palavra já existia: a Palavra estava voltada para Deus, e a Palavra era Deus." Na mitologia judaico-cristã, no Juízo Final, o barulho sobrepujará o cosmos e o tempo terminará. Quando a última trombeta soar, e os mortos forem erguidos incorruptíveis, os salvos serão ressuscitados, os perdidos serão amaldiçoados e, nas palavras de John Dryden, que Handel coloca em seu "Ode to Saint Cecilia", "a música dessintonizará o céu".

Aqui está minha memória mais antiga, ou assim acho: estou sentado no colo de minha mãe e ela canta para mim. Lembro-me das canções. Elas formaram meu gosto musical imediatamente. Elas não incluem nada contemporâneo e nada da infância de minha mãe; ao contrário, ela entoava as canções dos dias da mãe *dela*, canções da virada do último século. Essas são as canções que minha mãe me ensinou, que também eram as que a mãe dela lhe ensinara. Baladas sentimentais de salão ("She's Only a Bird in a Gilded Cage"); suaves canções de ninar ("On the Banks of the Wabash Far Way" — não víamos perto de Indiana nem qualquer pessoa de nossa família a vira); músicas delicadas e fortes de George M. Cohan e Irving Berlin ("Mary's a Grand Old Name", "Always"). Não surpreende que eu tenha crescido com afeição por um passado tão distante e com grande carinho pela emoção melosa, *Schlag* e *Schmaltz*. Qualquer ritmo no compasso três por quatro, qualquer valsa, qualquer velho clássico AABA em 32 compassos encherá meus olhos de lágrimas. Idem "Alexander's Ragtime Band", exibicionista e entusiasmado, que lembra os concertos de bandas no parque, cavalheiros em chapéus de palha, senhoras com para-sóis, o cenário de um musical da MGM apresentando um mundo mais simples que existia apenas em nossa imaginação coletiva. Um mundo de tonalidades maiores e de acordes de sétima dominantes sempre resolvidos. O mundo pastoral da opereta, seja ela americana, como a torta de maçã (Victor Herbert), seja austríaca, como Doboschtorte (*The Merry Widow*, de Franz Lehár). Ainda adoro tudo isso. "Meet Me in St. Louis"? Pode apostar que sim.

A música em nossa casa vinha de três fontes, as quais frequentemente se confundiam: a voz entusiasmada e fora de ritmo de minha mãe, que herdei, a habilidade um pouco melhor no piano, que também herdei dela, e o rádio. Anos antes, comprei a primeira "vitrola" da família, ou, como a chamávamos, "hi-fi", um objeto portátil em uma caixa de couro que carreguei comigo para a faculdade, onde ouvíamos Kate Smith cantar "God Bless America" e "When the Moon Comes Over the Mountain", canções que ela repetiu quando transferiu seu show para a televisão. Muitas maravilhas aconteceram àqueles de nós que cresceram antes da televisão. Como descrevi no Capítulo 1, uma delas é que nos tornamos leitores. A outra é que nos tornamos ouvintes, em vez de espectadores. Ouvimos a voz humana e notas etéreas vindas de uma caixa de madeira ou do rádio do carro. Aguçamos os ouvidos e recebemos os sons desassistidos por nossos olhos. Nasci para me tornar um ouvinte.

Até hoje, ouço com meus olhos fechados, não apenas música, mas também palavras. Há pouco, Garrison Keillor trouxe *A Prairie Home Companion* para Dallas. Sou fã do programa há vinte anos, desde que o falecido James Merrill, o mais conservador e tradicionalista dos poetas americanos do pós-guerra, apresentou-me a ele. Um par mais improvável dificilmente poderia ser imaginado: o populista de voz profunda tecendo os contos de Lake Wobegon e seu elenco de personagens mais do que comuns e o esteta aristocrata, viajante do mundo e conhecedor de sutilezas. Porém, acabei por entender, ou ouvir, o que Merrill ouvira em Keillor: estava tudo na voz. Ele era um contador de histórias que dependia do tom, e o tom, o *sine qua non* da poesia, a medida essencial da temperatura emocional, é outra palavra para modos. Merrill parecia ser todo artifício; Keillor, todo naturalidade, mas a dicotomia que os separava era apenas aparente. Eles eram os lados da mesma moeda, o exagerado e o simples, o urbano e o rural, as vozes da metrópole ou do próprio cosmos e a voz da cidadezinha do interior. Os dois criaram mágica através da voz, seja falada ou transcrita para a página. Acaba que o cosmos é apenas a cidadezinha em letras maiores. A voz humana: um órgão de conforto e provocação, garantia e angústia. Merrill e Keillor e todos os outros são apenas contadores de histórias ao redor da fogueira, tarde da noite, com a escuridão cobrindo seus rostos.

Os amigos perguntaram se eu queria ir à apresentação ao vivo de *A Prairie Home Companion.* Tentado por um momento, pensei bem e percebi que não queria ver, assistir, tornar-me parte da plateia jovial que participa audível e necessariamente a cada semana. O próprio Keillor disse que o rádio é o ramo de trabalho apropriado para alguém que não é bonito; para trabalhar nesse meio de comunicação, você não precisa se vestir bem ou ser bonito para obter o efeito certo. Minha ideia de prazer em termos de audição nos sábados à noite vem — sempre que tenho a liberdade — de preparar um drinque, desligar o telefone e sentar calmamente em uma cadeira, admirando o sol começar a se pôr no crepúsculo, e depois fechar os olhos. Abro meus ouvidos e a mágica começa. Por que eu desejaria estragar os efeitos sonoros vendo-os serem feitos? Você realmente deseja saber como o mágico serra a mulher ao meio? Nunca quis. Longe dos olhos não é longe do coração, mas ao contrário: uma voz suave dá conforto e estimula.

A partir dos 10 anos até sair de casa para a faculdade, sete anos mais tarde, tive na cabeceira da cama um pequeno rádio AM-FM. Após ler, após desligar a luz, ouvia-o na escuridão enquanto esperava adormecer. Uma vez dormente, eu me prolongava na semiconsciência, escutando os sons fracos da caixa antes de finalmente — e sem perceber — desligá-lo. Nos raros dias em que ficava em casa durante o ensino médio, doente, mas não tão doente para ficar deitado inconsciente, conseguia ouvir as vozes dos shows vespertinos, séries e novelas, entrevistas e música, *The Lone Ranger* e *Stella Dallas*, e as estações de notícias locais. Alguns anos mais tarde, se a cobertura das nuvens fosse ideal, eu conseguia ouvir música sertaneja pela rádio WWVA em Wheeling, West Virgínia, mundos longínquos. Ou, ao mesmo tempo fisicamente mais perto, porém culturalmente mais distante, nas noites de domingo, podia ouvir Jean Shepherd, o primeiro verdadeiro "artista apresentador" do áudio antes de a frase ser conhecida, recitar seus monólogos impregnados de jazz pela rádio WOR da não tão distante Manhattan. Ele poderia estar falando de Marte, e não a 150km ao norte, a partir de um lugar em que as pessoas ficavam acordadas até tarde, fumavam e bebiam, onde os garotos da moda tocavam bongô e usavam boinas e óculos escuros, iam com suas namoradas à Fifty-second Street para assistir às apresentações de jazz ou para a Greenwich Village, a fim de ouvir poesia *beat* nas cafeterias. Eu conseguia ouvir a sofisticação, tão perto e, no entanto, tão longe, e ansiava por ela.

Durante a era de ouro da música popular americana, nos quase quarenta anos que sucederam o fim da Primeira Guerra Mundial até a proliferação da televisão nos Estados Unidos, o rádio era um meio não apenas de comunicação e uma forma de estar junto — famílias se reuniam à noite para ouvir Jack Benny e Fibber McGee e Molly —, mas também de intimidade. O meio, não o compositor, fazia a música acontecer. Irving Berlin e George M. Cohan começaram na Broadway, mas, como disse o compositor Cy Coleman, quando era criança: "Nunca me ocorreu que as canções fossem escritas por pessoas diferentes. Elas eram simplesmente O Rádio." Quando os vídeos da MTV tomaram conta, uma estética distinta se desenvolveu. Tudo se tornou muito explícito, estampado na sua cara, assim como na cara dos cantores, que faziam mais do que meramente cantar. Porém, Bing Crosby e Frank Sinatra acariciavam o microfone e soavam melhor no rádio e, mais tarde, nos discos, do que em pessoa. Eles não precisavam levantar a voz e trabalhavam calmamente para produzir seus próprios sons.

O melhor de tudo: o ouvinte podia acreditar que era apenas para si que ele cantava. Assim como um livro fala para um leitor, um cantor se dirige a um ouvinte apenas. E depois o ouvinte pode cantar junto. Há muito foi observado que Crosby era tão popular com homens quanto com mulheres, porque todo americano pensava, cantando para si mesmo no chuveiro, que soava exatamente igual ao famoso cantor romântico. No rádio, tudo soava como um cabaré. Mabel Mercer, de quem Sinatra disse ter aprendido tudo que sabia sobre como interpretar uma canção, era, de muitas maneiras, a cantora mais popular de sua época. Não temos gravações do início da carreira de Mercer em Paris, durante as décadas de 1930 e 1940. Os discos da década de 1950 nos apresentam uma voz em declínio, mas você ainda pode ouvi-la falando ou acariciando aquelas letras. Vozes macias, lugares seguros: uma cantora no rádio inspirava a sensação de inclusão.

Mesmo antes da adolescência, quando minha fuga imaginária era ouvir rádio, sentava, como Eudora Welty, ouvindo a conversa dos adultos. Todos os contadores de histórias começam como grandes ouvintes. Pensamos em histórias e contadores de histórias como especialidade de sulistas, a exemplo do jovem James Agee, adormecendo em Knoxville no verão de 1915 (um trecho de *A Death in the Family* belamente recriado na adaptação de Samuel Barber para soprano e orquestra). Ou como a própria Welty, que atribuía seus instintos de contadora de histórias às suas raízes genéticas. As pessoas que ouvem cuidadosamente podem tornar-se pessoas que falam ou escrevem bem. Qualquer criança nascida com ouvidos abertos possui uma história semelhante. Ouvia os adultos, meu avô e avó e seus filhos, meus pais e os deles, nas tardes dos fins de semana de verão da Filadélfia, espalhados em cadeiras e sofás sorvendo chá gelado, limonada ou cerveja de gengibre, acompanhando as transmissões dos jogos dos Phillies no rádio. Eles prestavam atenção, em seguida divagavam; fofocavam; cochilavam. As tardes preguiçosas entravam e saíam suavemente da consciência.

Sempre havia uma conversa, ouvida por acaso e compartilhada, o tipo de conversa que Elizabeth Bishop descreve em um de seus últimos poemas, "The Moose", sobre uma viagem noturna de ônibus da Nova Escócia a Boston, durante a qual, sonolenta, ela escuta conversas débeis em "gentil, audível,/ lenta alucinação" atrás dela:

Nos rangidos e barulhos,
uma antiga conversa
— nada a ver conosco,
mas reconhecível, em algum lugar,
na parte de trás do ônibus...

Do que falavam, "ininterruptamente... na Eternidade"? Sobre assuntos cotidianos: o que ele disse, o que ela disse, quem morreu, quem casou, quem enlouqueceu, quem se tornou mau. E sempre com sons baixos de compreensão e entendimento, nunca de surpresa ou incredulidade. Até a tragédia, quando entremeada no tecido da vida cotidiana, se torna domesticada. Pense na expressão "absorvemos tudo". Ao ouvir, internalizamos a vida e a vivemos indiretamente. Ouvir, seja dos pais na hora de dormir, dos parentes na sala de visitas, ou de estranhos no ônibus, satisfaz uma ânsia por histórias, por intimidades.

A música também tem intimidades, as primeiras compartilhadas pelos pais cantantes e pelo filho ouvinte, as posteriores comunicadas entre o cantor e a plateia, ou entre o disco ou a fita e o ouvinte em casa ou com fones de ouvido, iPod, ou rádio de carro. Aos 9 anos, peguei emprestada uma clarineta do depósito da escola secundária e comecei a ter aulas. Um ano mais tarde, mudei para o piano. Por acaso, ou por uma escolha perversa, consegui fazer tudo ao contrário: em vez de começar com a música clássica, escalas, exercícios e teoria simples, comecei tendo aulas de música popular com o professor de piano de minha mãe, um de um par de jovens amigáveis que complementavam seus salários modestos como professores da escola secundária passando, às tardes e no início da noite, por nossa vizinhança para oferecer aulas às crianças talentosas ou não das famílias de classe média. Alguns tocavam sob pressão. Outros, como eu, com ou sem talento, realmente gostavam de tocar. Viver em uma casa pequena com os sons de qualquer criança que não seja um prodígio tocando um instrumento demonstra amor, masoquismo ou sadismo dos pais. Meus irmãos mais jovens escolheram a clarineta e o trombone, respectivamente; acho que nossos pais ficaram gratos e se sentiram sortudos por nenhum de nós exigir percussão, e isso foi bem antes da época da guitarra elétrica.

Fui treinado para enganar. Tocava músicas populares, algumas em folhas amareladas de papel delicado que minha mãe usara em sua adolescência, vinte anos antes. Conseguia ler a partitura, mas, em vez de aprender a clave de fá, lançava mão dos acordes da guitarra escritos acima da pauta. Meus dois professores ganhavam dinheiro extra tocando em bares pouco glamorosos, como a filial local da rede de restaurantes Howard Johnson's. Eu estava no rumo certo para me juntar a eles, tocando piano para ter prazer de ouvir lagartos suburbanos bêbados vagabundos: por fim, conseguia ler música bem, manter o ritmo e quase o tom perfeito. Suplementava minhas execuções de sétima série dos clássicos dos últimos 25 anos, "Don't Blame Me", "Smoke Gets in Your Eyes", com material mais atualizado, como os Everly Brothers. Felizmente, dois anos mais tarde, mudei para tarefas mais sérias com um músico de verdade, que me ajudou a me aperfeiçoar durante todos os anos da escola secundária. Então, ufa!, logo, passei a tocar sonatas de Mozart, mazurcas de Chopin e composições curtas de Bach. Não tocava nenhuma delas bem e nunca passei pela agonia de tocar em um recital escolar anual, mas algo em minhas aulas consolidou-se. A cada nota falsa e *arpeggio* incorreto que tocava, ouvia mais atenciosamente e com maior apreço aqueles que sabiam fazer melhor. Aprendi também a ficar sentado quieto: como nas reuniões dos quacres, tocar piano reforça a boa postura em jovens, mesmo quando não se tem um instrutor ameaçador que bata em suas mãos com uma régua e o faça manter uma pose rígida. Algumas coisas acontecem por si mesmas.

Quando cresci o suficiente para perambular pelo centro da cidade de Filadélfia, frequentando a livraria Leary, desenvolvendo o gosto por caminhadas urbanas pelas ruas do século XVIII e XIX compostas de fileiras de casas majestosas de pedras marrons, sombreadas por árvores gingko e alfarroba, também comecei a frequentar lojas de discos. Bem antes de elas todas acabarem, as lojas sérias comercializavam partituras e discos e — em um retorno à década de 1940 — algumas ainda permitiam levar um disco para dentro de um reservado e ouvi-lo. A modernidade atingiu a Filadélfia quando a rede Sam Goody, de Nova York, abriu uma loja de varejo na Chestnut Street. Os LPs de música clássica saíam por cerca de US$ 2,50 quando eu estava na escola secundária, e as liquidações constantes derrubavam os preços ainda mais. Aos 15 anos, comprei meus primeiros discos, Guiomar Novaes tocando o primeiro livro dos *Prelúdios*, de Debussy, e Szymon Goldberg executando os concertos de Brandenburgo. Os discos tinham capas lindas, além de comentários legíveis e um livreto informativo. Comparado com os fabricantes benévolos dos LPs de música clássica, o homem que inventou a embalagem e a grafia usadas nos CDs é um sádico.

Suplementávamos a audição em casa com idas a concertos. A Academy of Music, o salão respeitável do século XIX da Philadelphia Orchestra, abrigava concertos para crianças nas manhãs de sábado, versões menos dramáticas do que Leonard Bernstein fazia na televisão e em Nova York. Eles eram a maldição de muitas crianças suburbanas, porque exigiam roupas e vestidos apropriados e maria-chiquinhas, para as garotas; e para os meninos, casacos, gravatas e calças de flanela que coçavam. Apesar de nossas coceiras, confusão e bocejos e de assentos apertados e desconfortáveis, algo foi aprendido: seis anos após sermos arrastados por mães obedientes, voltamos por conta própria; em geral, comprando assentos vendidos de última hora na arena (com uma entrada exclusiva) por 50 ou 75 centavos, subindo correndo os cinco andares para reivindicar nossos lugares no balcão mais alto e nos debruçando para ver o soberbo Eugene Ormandy colocar sua máquina bem azeitada em funcionamento. Uma vez por ano, Leopold Stokowski vinha à cidade, usando as mãos mágicas que Disney exaltou em *Fantasia* para encantar tanto seus antigos músicos quanto seus fãs filadelfienses. Do topo, era possível ver tudo, embora em miniatura. E você tinha a sensação de som ao redor assim como um sentimento de comunhão com os amantes de música como você. Em outubro de 1960, em sua primeira turnê americana, Sviatoslav Richter subiu no palco, sentou e tocou o Segundo Concerto para Piano de Brahms e, após os aplausos estrondosos, fez algo que eu nunca vira antes: repetiu o movimento final. Tornou-se lenda.

À medida que eu ia crescendo, expandia meus horizontes musicais e outros. De uma paixão inicial pela comédia musical, passei para Gilbert e Sullivan no ensino médio. Quem podia resistir à combinação de farsa e sentimento, de melodias exuberantes e alegres e de letras inteligentes, astutas, às vezes desconcertantes? "Rodovalho é um plâncton ambicioso?" Pensei por dias sobre aquilo, antes de consultar o dicionário. E quem eram todas aquelas pessoas cujos sobrenomes se espalhavam por toda a letra? "A ciência de Julien, o músico famoso — / A sagacidade de Macaulay, que escreveu sobre a Rainha Anne — / A emoção de Paddy, como interpretada por Boucicault — / O estilo do bispo de Sodor e Mann." A arrogância militarista superficial cercava listas de nomes e iniciava com energia uma melodia imediatamente memorável, passível de ser cantada ou cantarolada. Eu fazia um curso de história e cultura britânica do século XIX, embora essas aulas viessem como um pensamento tardio, um presente extra. Estava faminto de prazer, e o conhecimento veio sem ser buscado. Convenci-me, ou pelo menos fingi, que era capaz de cantar quase tão bem quanto Martyn Green. Passei horas memorizando e repetindo todas as letras de suas músicas, o ouvido colado ao toca-discos e os olhos no libreto ou na partitura. (Aprendi com um bibliotecário útil que podia tomar emprestada uma transcrição orquestral inteira.)

Na faculdade, mudei para ópera, primeiro em disco (Anna Moffo, Robert Merrill e Richard Tucker em *Traviata*, Eberhard Wächter e Graziella Sciutti em *Don Giovanni*), depois ao vivo. Leontyne Price no papel de *Aida*, no velho Met, em meu segundo ano: dos assentos mais altos, nada era muito visível, mas o som se espalhava por todos os lados, e Price arremessava suas notas agudas — as altas e as baixas — para nós, nas alturas.

Com relação à ópera, não sou um louco. Não grito "Brava, diva!" nem fico frenético. Nunca cultuei Callas, Tebaldi ou Sutherland. O que desejava era música, pura se não simples, e até hoje, se o desempenho de um artista é fraco, consigo fantasiar com meus ouvidos imaginários o que devia ser. Se o tenor não atinge a nota aguda no ponto certo, ele não estraga inteiramente a minha noite. Alguns cantores não são tão encantadores quanto outros, e mesmo os bons têm noites ruins: eu preferiria ficar em casa com gravações perfeitas e nunca me aventurar a ir ao teatro e arriscar uma exibição ao vivo? Bem, isso é o que muitos fãs fazem a partir de determinado ponto. É como o que o pianista Glenn Gould finalmente acabou fazendo, preferindo controlar os mecanismos e a reprodução de seu som no estúdio de gravação a enfrentar uma plateia e arriscar a espontaneidade enquanto tocava.

No entanto, a esperança é a última que morre. Vive-se para o choque autêntico que surge apenas quando tudo e todos funcionam a pleno vapor. Raramente acontece, sobretudo em uma época de atualizações líricas estranhas, de *mises-en-scène* comoventes com potencial de chocar, mas sem racionalidade dramática. Nesses casos, é fácil ignorar o que acontece no palco e focar na voz. Muitas vezes, fechar os olhos ajuda. Se as vozes em uma exibição ao vivo não parecem especialmente boas, você pode concentrar, na própria música, a voz platônica ou o cantor que deseja ouvir no papel. Isso é o que muitos músicos profissionais e musicólogos fazem, e eles em geral estão muito menos interessados na qualidade física da produção do que nas qualidades musicais. O crítico John Ardoin disse certa vez para mim que acabara de voltar de uma encenação medíocre de *Norma*, de Bellini ("minha ópera favorita"), na casa de ópera Fenice, em Veneza ("minha casa de ópera favorita"), e acrescentou: "Se uma cantora qualquer atuasse no papel principal, ainda assim teria ido." Isso é o que chamo de um amante da *música.*

Em uma reunião recente de ex-alunos da minha faculdade, um colega e eu demos uma palestra sobre nossos interesses em ópera. Ele começou. Percebi pelo título de seu discurso, que incluía a palavra "demente", que ele falaria em nome do lado dionisíaco da música. Eu? Apolíneo o tempo inteiro. São as vozes e a música que contam para mim, raramente a encenação, muito menos as peripécias da vida real das estrelas nos bastidores. Na cultura contemporânea obcecada pelo visual, não seria exagero dizer que, em breve, grandes cantores poderão ser expulsos do palco por jovens mais bonitos com corpos musculosos e vozes ocasionalmente amplificadas. Colírio para os olhos, mas eles sabem cantar? Vários anos atrás, um produtor apresentou *La Bohème* na Broadway usando um elenco jovem, que podia ter vindo de *Rent*, a versão atualizada da história de Puccini sobre artistas jovens famintos. Ele esperava despertar o interesse da plateia de *Rent* na versão original. Fui a uma matinê e, para tirar os sons ruins de meus ouvidos, tive de ir ao Met naquela noite para ouvir cantores de verdade. A garotada tinha boa aparência, mas não eram — pelo menos ainda não — cantores de ópera.

Wagner queria um *Gesamtkunstwerk*, uma ópera em que tudo funcionava junto, e ele controlava todos os aspectos de suas produções. Raramente, em nossos dias, uma produção complementa e apoia inteligentemente a música e o drama, em vez de interferir ou miná-los. Posso contar nos dedos da mesma mão o número de produções líricas cujos "visuais", como agora os chamamos, ainda lembro. A mais impressionante foi a mais simples: a produção barata de *Dialogues of the Carmelites*, de Poulenc, feita por John Dexter em 1976 (era uma época de cortes drásticos de orçamento), no Met, e exibida em um palco quase vazio e aberto por freiras em hábitos estendidas de bruços em forma de cruz no chão. A ópera termina com uma ascensão ao andaime, enquanto as mulheres reunidas, que logo serão martirizadas, cantam suas orações finais para a Virgem e marcham separadamente em direção a uma guilhotina invisível que corta cada cabeça. As vozes são gradualmente diminuídas. Por fim, não há mais nenhuma.

Seguiu-se um silêncio total, a resposta mais poderosa da plateia, em vez dos aplausos e gritos que caracteristicamente começam antes do acorde final ou das cortinas se cerrarem e antes da agora obrigatória ovação em pé. Sobre a questão do aplauso, aqui está o que Hugo Wolf disse, em 1885: "Por que, em nome de Deus e de todos os santos, o fogo perscrutador do entusiasmo sempre se manifesta por intermédio das mãos e dos pés? Por que deve haver aplausos e sapateados? Será que as mãos e os pés do público constituem o para-raio móvel da alma eletrificada? Pergunto se aplaudir é permitido em todas as circunstâncias, se é uma força da natureza — ou apenas um hábito ruim e estúpido." Na melhor das hipóteses, a música deveria inspirar um estado de impotência, não uma baderna ou uma corrida para a saída ao mesmo tempo.

Em meu segundo ano na faculdade, ouvi Don Giovanni tentar seduzir Zerlina com "*Là ci darem la mano*", em disco. A mesma delicadeza mozartiana sublime me comovera no ano anterior, quando ouvi meus primeiros concertos para piano de Mozart. Um colega tirava uma grana adicional vendendo LPs de porta em porta. Comprei Robert Casadeus tocando os concertos 18 e 20, e minha vida musical mudou em um instante auditivo. O sombrio primeiro movimento do concerto em Ré menor (nº 20), seguido pela simplicidade elegante do segundo e a síntese conclusiva do terceiro, me ensinou algo sobre a relação entre paixão e moderação, sobre o controle, a produção de sentimento e os usos da repetição. Ensinou-me sobre equilíbrio, desenvolvimento e síntese, sobre tensão e resolução. Assim também as árias de *Don Giovanni*. Qualquer um que ouça é seduzido pelo convite aparentemente sincero do Don à camponesa. É isso o que a música faz. E, nesses casos, não saber falar italiano pode ser uma vantagem, pois a música ouvida sem as palavras articula formas e sentimentos que a linguagem não consegue dar conta. A música é incapaz de mentir. A música não consegue expressar ironia, embora, claro, a junção da música com palavras frequentemente o faça.

Pense na série de árias e duetos no Ato 2 de *La Traviata*, com toda a emoção lenta que Verdi consegue arrancar de uma situação dramática. Nunca percebera como a música isoladamente, sem as palavras, pode mudar nossas mentes com relação aos personagens. Germont *père*, um burguês irritado e pomposo, que se preocupa com a possibilidade de o namorico do filho com uma cortesã arruinar a família e, sobretudo, as chances de a filha conseguir um casamento bem-sucedido, canta para Violetta o pedido mais sedutoramente meloso: "Deus me deu uma filha maravilhosa e agora você vai arruinar todos nós por causa de seu caso com meu filho." Claro que ela acredita nele, cede, renuncia ao seu amor e depois morre no último ato. Não importa o que se pensa sobre a adaptação de Verdi da história de Dumas, ou de sua caracterização da mulher desgraçada, e sejam quais forem as objeções que se possam ter, como das feministas contemporâneas, ao papel da mulher como vítima em muitas óperas clássicas, a música nos solicita a responder apenas ao som, mesmo quando em sua forma dramática é aplicada a ações humanas. Quem não cederia à súplica de Germont?

No debate que retorna quase ao início da ópera e esgota qualquer esforço colaborativo, "clássico" ou popular, para combinar palavras com música, é a música que sai vitoriosa. Considere a fórmula muito debatida "*Prima la musica, dopo le parole*" (Primeiro a música, depois as palavras). Essa frase é citada ao contrário com frequência. Há também a questão de se "prima" significa primeira no tempo ou em importância. Às vezes, um compositor escreve uma série de músicas e as entrega ao libretista, como Richard Rodgers fazia com Larry Hart. Em geral, é o contrário, a menos que você esteja lidando com um pássaro raro como Wagner ou Cole Porter, indivíduos capazes de pensar em tudo ao mesmo tempo. Na ópera, a música vem primeiro em importância, porque ela transmite mais sentidos do que as palavras e vai além delas. Nisso, no mínimo, ela difere das outras formas de teatro musical.

Como ver, ouvir envolve focar. Esse ato pode nos levar para uma dimensão única. Feche os olhos quando estiver sozinho com barulho; abra os ouvidos e o barulho desenvolve padrões. Barulhos de fundo, música de elevador, todos os sons que fingimos ignorar, mas subconscientemente absorvemos, são partes da textura sensorial de nossa vida. Focar nos sons — sobretudo na música — pode ser uma tarefa de tempo integral. Quantas pessoas, sobretudo acima de quarenta anos, deploram a simples ideia de ir a mais um restaurante que tem como base a premissa de que os frequentadores desejam ser inundados, na verdade ensurdecidos, por música irrelevante? Eles desejam uma experiência teatral? O que houve com as vozes suaves em um recinto fechado e a conversa civilizada *sotto voce*? O vento levou. Tente encontrar um restaurante sem música. Boa sorte. O pianista Alfred Brendel se recusa a comer em qualquer restaurante que toque música — sobretudo Mozart e outros clássicos — precisamente porque acha impossível *não* ouvi-la. A surdez não é uma opção. Os sentidos não desejam ser multitarefas. Ao menos, os meus não. Alguns anos atrás, estávamos em um restaurante pequeno antes do afluxo das 20h. Éramos os únicos clientes. A música retumbava. Educadamente, pedi ao garçom para abaixá-la ou desligá-la. Ele voltou com o maître, que perguntou qual era o problema. "Está tão alta que não conseguimos nos ouvir", disse. "Mas é justamente para isso", ele respondeu prestativamente. Hoje em dia, durante as refeições, o silêncio parece ter deixado de ser de ouro.

Hoje, raramente temos a opção de ouvir ou não: somos bombardeados com sons e visões vindos de todas as direções. Sentar tranquilamente em uma sala, sobretudo se for pública, é quase impossível, a menos que se bloqueie o mundo com protetores auriculares, máquinas geradoras de ruído branco, ou iPods. Há quase 75 anos, o teórico e filósofo alemão da música Theodor Adorno escreveu que a música de fundo "se tornou a música das cafeterias... música de fundo significa que você não precisa ouvir. Nenhum silêncio a cerca ou isola; ela penetra no sussurro das conversas". E ele falava sobre música ao vivo, não enlatada, sobre o que hoje poderíamos considerar as inofensivas cordas do Florian's de Veneza, ou do lamentavelmente extinto Palm Court, no Plaza, com sua música de chá das cinco. *Plus ça change, plus c'est la même chose!* Só nos resta imaginar o que Adorno teria dito sobre a música de elevador ou o sintetizador, tornando os sons ainda mais irreais do que os arranjos de músicas adaptados para orquestras de pequeno porte. Ainda bem antes de Adorno, George Santayana observou que as pessoas realmente não querem ouvir: "O que a maioria das pessoas raramente aprecia é a música: trata-se mais de um devaneio sonolento pontuado por estímulos nervosos."

Podemos ver executivos cansados tendo pensamentos sonolentos e seguindo as ordens culturais de suas mulheres nos salões de concerto da nação, adormecendo em público antes de se encaminharem para as portas no intervalo. Eles são simplesmente o oposto da mulher em "The Lady is a Tramp", de Rodgers e Hart: "Vou à ópera e fico bem acordada", canta Mary Martin, como se piscasse um olho com a voz. Ela conseguia ficar acordada porque a ópera, seja boa ou ruim, oferece sustento para os olhos e para os ouvidos: ela aspira ser entretenimento, em vez de elevação espiritual. Em *Where Angels Fear to Tread*, E. M. Forster captou o princípio e liberou seu herói inglês suburbano reprimido, Philip Herriton, por meio da música como uma arte social, quando ele assiste a uma produção medíocre de *Lucia di Lammermoor*, de Donizetti, em uma cidade provinciana na colina. A plateia interrompe a famosa cena maluca do soprano com aplausos e flores, e todos conversam durante a apresentação inteira, cumprimentando amigos e vizinhos, participando das festividades comunitárias. A ópera na Itália "não objetiva a ilusão, mas o entretenimento", e Philip "não deseja que essa excelente festa noturna vire uma missa". Ele quer ter prazer se envolvendo com a comunidade que existe nos dois lados dos refletores.

Até recentemente, parte do problema perene da ópera era sua falta de inteligibilidade: ninguém conseguia entendê-la, frequentemente até as pessoas que sabiam a língua em que ela estava sendo apresentada. Uma orquestra estrondosa pode abafar as palavras, que desaparecem no espaço. Se elas estão em uma língua estrangeira, estão indisponíveis desde o começo. Joseph Addison comentou sobre a esquisitice da ópera italiana e sua grande popularidade na Inglaterra quando escreveu em *The Spectator* em 1711: "Não há dúvida de que nossos bisnetos ficarão muito curiosos para saber por que seus ascendentes sentavam juntos, como uma plateia de estrangeiros no próprio país, e ouviam peças inteiras em uma língua incompreensível." Se, por outro lado, a ópera traduzida significa ouvir o marido em *Lady Macbeth of Mtsensk*, de Shostakovich, adentrar o palco e cantar em inglês, "Vejo que teremos cogumelos para o jantar", então as obscuridades de uma língua desconhecida são muito interessantes. Sobre a questão da ópera traduzida, um cavalheiro sábio me disse certa vez: "Não me importo em *qual* língua a ópera é cantada, contanto que eu *não* a entenda." Isso é igual ao *bon mot* do empresário de Chicago Harry Zelzer: "A música boa não é tão ruim quanto soa."

Ao contrário dos "alemães bestiais", Philip Herriton, de Forster, diz que "os italianos não adoram a música silenciosamente". A música é viva, sobretudo em uma apresentação ao vivo e com a ajuda da plateia. A ópera na Itália rural era um esporte de espectador, mais como um concerto de rock do que uma missa. (Se forçado a escolher entre um concerto de rock e uma missa, ficaria indeciso.) A cultura anglo-saxônica, na Europa como nos Estados Unidos, sempre teve uma relação quase puritana com a demência da ópera, preferindo os princípios morais mais elevados de uma programação sinfônica. O temor do prazer dos ianques austeros significa que, por séculos, Boston sustentou uma grande orquestra sinfônica em uma grande sala, mas a ópera nunca se popularizou por lá. A cidade ainda carece de uma companhia permanente com recursos consideráveis. Os assentos no Symphony Hall são apertados e com espaldar reto, apenas ligeiramente mais confortáveis do que os do Festspielhaus, de Wagner, em Bayreuth, que exigem uma postura reta como uma tábua e inibem os cochilos. Todos ficam bem acordados. Eles estão rezando no santuário da arte na *heilige Hügel*.

E, provavelmente desde o século XIX — quando, de forma memorável, Paganini, Chopin e Liszt faziam as senhoras desmaiarem nas salas de estar e salões superaquecidos —, houve músicos instrumentais que comandaram o poder do estrelato de Caruso e Pavarotti, Callas e Sutherland, Geraldine Farrar, o qual inspirou as fervorosas Gerryflappers, ou Dame Nellie Melba, que deu seu nome tanto à torrada quanto ao prato de pêssegos. Já em 1850, ao trazer Jenny Lind em sua primeira turnê americana, P. T. Barnum ficou de olho na bilheteria e nas oportunidades de marketing: "Chapelarias, fabricantes de mantôs e donos de lojas rivalizavam uns com os outros para chamar a atenção dela para suas mercadorias, satisfeitos se, em troca, ela pudesse enviar seu autógrafo em agradecimento." Hoje, nenhum pianista pode comparar-se ao rouxinol sueco como uma fonte de endosso feitos por celebridades.

O lado inverso de ficar acordado — na ópera ou no salão de concerto — é cochilar, e muitas pessoas o fazem não apenas porque estão cansadas, mas porque (vamos ser francos), por vezes, a música é entediante. Não sou o primeiro a fazer essa observação. Em um ensaio de 1888, "Tédio na música", Camille Bellaigue diz que pretende discutir não o tédio que a música pode expressar, mas aquele que ela pode inspirar, da mesma forma que discutimos religião, natureza e amor na música. Bellaigue levanta duas questões importantes. A primeira é que a música, sobretudo a ruim, como toda arte e os artistas medíocres, não é indispensável. Um médico ou advogado medíocre ainda tem um lugar necessário na sociedade. E um pianista medíocre? A segunda — uma versão de uma colocação anterior minha — tem a ver com barulho. A música é som, e som é barulho, e "barulho desagradável é algo detestável. Pelo menos, as outras artes são silenciosas. Além disso, você pode largar um livro de poesia ou desviar os olhos de uma estátua ou quadro, mas não consegue escapar da música".

Forster, novamente, acerta quando observa (em "Not Listening to Music") que, a maior parte do tempo em que deveria estar ouvindo, ele realmente está devaneando, distraído com a aparência das pessoas, ou pensando em algo diferente. Quem não teve esse mesmo sentimento: "Uma plateia de música clássica é certamente o conjunto mais desinteressante de pessoas reunidas em qualquer lugar para qualquer propósito comum; contribuo com minha cota, devo destacar." E, ao refletir sobre a perambulação inevitável da mente, ele distingue entre o ouvir ideal, a própria música e o ouvir "música que me faz lembrar de algo". Apenas a primeira tem valor genuíno. Ele pensa em Monet quando ouve Debussy (da mesma forma que pensa em Debussy quando olha para Monet). Em outras palavras, em 1939, Forster discorda de sua personagem Helen Schlegel, no romance de 1910 *Howards End*, e toma o partido da irmã Margaret, que é a favor da pureza nas artes, de cada um manter o próprio lugar: "Qual o valor do ouvido, se ele lhe dá o mesmo que o olho... Se Monet é realmente Debussy, e Debussy é realmente Monet, nenhum dos dois cavaleiros vale nada." O bom senso anglo-saxônico vence. Nada daquilo que chamamos de sinestesia, muito embora alguns psicólogos tenham sugerido que os cérebros de algumas pessoas na verdade funcionam dessa maneira. P. E. Vernon, um professor de Cambridge tanto de psicologia quanto de música sacra, descobriu que seis por cento de seus sujeitos de experiência associavam sons a cores. Um homem ouve Lá maior e então pensa em verde, depois lembra que verde é Lá maior e então desenvolve um tipo de tom absoluto por meio da ação da cor.

Felizmente, a maioria de nós não é como essa pessoa. É possível escapar da música, claro, adormecendo, desligando o rádio ou inserindo protetores auriculares nos ouvidos. Mas quando ouvida com atenção, a música faz tudo que os músicos, compositores, teóricos e partidários comuns têm falado por milênios. É nesse ponto que a música reproduzida, ao contrário daquela ao vivo, tem uma vantagem clara, embora não provoque a emoção de uma grande apresentação ao vivo. Todo mundo percebe quando um vizinho — ou uma plateia inteira — tosse e espirra ou ronca; uma mulher que chacoalha suas joias ou desembrulha uma bala; o chão range quando alguém entra atrasado; pessoas atrás de você conversam eloquentemente e dão opiniões como se estivessem sentadas em suas salas de estar; o metrô passando embaixo ou um avião por cima acrescentando mais barulho ainda. E o telefone celular que toca inoportunamente.

Escutar com ouvido platônico, que suprime sons externos e permite que você ouça apenas o que o compositor lhe pede, o obriga a entrar no mundo sem palavras da harmonia e do tom, da orquestração, da dinâmica, do ritmo e da melodia, ou o que sobra dele. (A menos que o compositor seja John Cage, que coreografou o silêncio para nos alertar para a necessidade do irrelevante.) Esforçamo-nos para ignorar as distrações e focar na música. "Estar presente", afinal, não significa apenas se vestir bem (hoje em dia, nem isso precisamos fazer), ir a algum lugar, comprar um ingresso e sentar para assistir a uma apresentação. Mais importante: significa simplesmente prestar atenção.

Para os que ouvem bem, em verdadeiro isolamento ou unidos a outros no isolamento no meio de um salão, a música sem palavras tem como propósito principal a transmissão daquilo que a filósofa Susanne K. Langer denominou "simbolismo de apresentação", o qual ela distinguiu do "simbolismo discursivo". Por intermédio das próprias formas, a música articula a forma do sentimento, não necessariamente os sentimentos do compositor, executor ou mesmo dos integrantes da plateia, mas o sentimento entendido como quase uma abstração. A música, ela diz, não causa ou cura sentimentos, mas os expressa logicamente através de suas próprias estruturas sem palavras. A música articula o que a linguagem não consegue expressar. Concordando com Wagner, Langer diz que a música transmite o que não pode ser dito, principalmente a forma ou "a morfologia dos sentidos". Embora as relações musicais essenciais — tensão e resolução — careçam de qualquer conotação ou sentido atribuído, nossa experiência sensória, enquanto ouvimos, lembra a ascensão e a queda, o ritmo e as interrupções, dos sentimentos em nossa vida mental. Uma mudança de tom pode transmitir uma ideia nova, embora seu efeito nos atinja abaixo do nível de consciência e, nas palavras de Langer, "fora do empalidecer do pensamento discursivo", no qual "produz alguns efeitos peculiares que confundimos" com sentimentos, porque parecem sentimentos e os provocam.

Em "Peter Quince at the Clavier", Wallace Stevens diz: "A música é sentimento, então não é som", mas isso não é inteiramente correto. A música é o som que transmite algo *como* o sentimento e depois o replica dentro de seus ouvintes. Essa é a razão pela qual as melhores críticas de música, ainda mais do que a crítica de literatura e de pintura, dependem necessariamente da metáfora, do imaginário e da impressão. Uma análise da estrutura — primeiro tema, variações, segundo tema, resolução, dissonâncias harmônicas, acordes de sexta aumentados e sétima diminuídos —, no vocabulário técnico dos teóricos musicais, pode nos dizer o que está acontecendo, mas não por que ou para que efeito. Até mesmo os próprios músicos acabam por precisar utilizar nossa linguagem comum. Por exemplo, Gounod discute Palestrina em suas *Memórias* de 1896: "Esta música — severa, ascética, horizontal e calma como a fronteira do oceano; monótona em razão de sua serenidade; antissensual e, no entanto, tão intensa em sua compenetração que às vezes chega ao êxtase — inicialmente passou uma impressão estranha, quase desagradável." Apelando para uma metáfora da esfera visual, Gounod encontra linguagem para descrever o efeito auditivo peculiar das harmonias de seu antecessor.

Forster, pensando novamente sobre "aquele duende da sala de concerto, a falta de atenção", diz que ele é facilmente desviado da "música em si" para a "música que me faz lembrar de algo", sobretudo quando lê os comentários no programa ou as explicações musicais programáticas. A abertura "Coriolano", de Beethoven, foi irremediavelmente arruinada, segundo Forster, porque Wagner escrevera sobre ela de forma programática. Forster: "Perdi meu Coriolano. Sua grandeza e liberdade se foram. Os sons brilhantes foram endurecidos como uma rua que foi asfaltada para receber tráfego." Lá está o autor novamente com uma metáfora; será possível ouvir a abertura de Beethoven sem pensar na rua pavimentada cheia de caminhões?

Forster evitou essas distrações estranhas tocando ele próprio piano, algo que continuou fazendo muito embora tocasse cada vez pior. Precisamente porque precisava focar nos olhos e dedos, na leitura da partitura e em fazer música, Forster prestava atenção. Ele conclui: "Mesmo quando as pessoas tocam tão mal quanto eu, deveriam persistir: ouvir as ajudará." Como eu, ele se tornou uma parte melhor da plateia. Um pianista medíocre, *pace* Bellaigue, tem um lugar na sociedade. É igual em qualquer arte: a pintora de domingo pode imitar, mas nunca duplicar sua favorita; um dançarino pode fazer muitas aulas e, ainda assim, não se tornar Fred Astaire, mas acaba apreciando Astaire com muito mais justiça por essa razão.

Ouça: um escritor pode rabiscar, fazer livres associações, encontrar palavras e juntá-las na tentativa de "encontrar a própria voz", enquanto conta a novatos o que fazer nos cursos de "escrita criativa". Poucas pessoas fazem tal descoberta, claro; seu DNA e impressões digitais podem ser únicos, mas a maioria raramente chega ao ponto de encontrar nas palavras seus melhores e únicos eus. A metáfora nesse clichê batido dos cursos de escrita contém, no entanto, uma verdade essencial sobre a relação entre escrever e falar, ler e ouvir. Um escritor é um falante cujo trabalho deve incorporar, em algum nível, a imagem de uma pessoa falando. Os escritores falam silenciosamente. Os leitores escutam enquanto os olhos vasculham a página. A maioria dos escritores continua a tentar encontrar sua plateia, mas também, mais importante, a voz dela, ou a identidade, como se buscassem algo há muito perdido.

De ouvir, passamos a fazer música, e de tentar fazer música podemos passar a ouvir melhor, mais solidária e criticamente. Da leitura como uma precursora, passamos para a escrita (ver Capítulo 7) e, qualquer que seja o interesse alheio em nossos escritos, podemos voltar à leitura com uma apreciação maior por ela.

6 *Nadar*

O nadador mais famoso entre os poetas ingleses, George Gordon, lorde Byron, escreveu um único poema alegre sobre a atividade — na verdade, uma das muitas atividades — que o tornou uma lenda em toda Europa durante sua vida. "After Swimming from Sestos to Abydos" revisa e atualiza o velho mito de Leandro, que enfrentava o Helesponto todas as noites para visitar Hero do outro lado. Enquanto o grego atlético nadava por amor, Byron admite que ele, "um jovem moderno depravado", objetivava fama e glória nos 2km que nadou contra correntes muito fortes em 3 de maio de 1810. E, embora Leandro perecesse em sua busca — que Christopher Marlowe trata com fervor e bastante ironia em seu exuberante poema miniépico da época elisabetana "Hero and Leander" —, Byron sai de sua aventura com nada mais nobre do que uma febre intermitente um resfriado.

O homem que nadou o Grande Canal em Veneza em 3 horas e 45 minutos após uma noite de farra no Lido escolheu a água pela mesma razão de gostar de andar a cavalo: ele conseguia fazer tudo, menos andar normalmente. Nadar ocultava uma deformidade congênita e lhe permitia esquecê-la temporariamente. Amaldiçoado com um pé torto, pelo qual sempre culpou a mãe, Byron se tornou um ideal elegante do amante romântico e um caso clássico da compensação em excesso. Em seu caso, o espírito positivo em todas as suas manifestações — sangue frio e valentia física, inteligência exibicionista e fleuma aristocrática — era contrabalançado por angústia, melancolia e passividade depressiva. Imagino se os nadadores, não obstante o isolamento que enfrentam em sua busca por prazer, não são, por natureza, mais animados que as outras pessoas. Afinal, o que significa "espírito positivo"?

Com Byron, a natação entra para valer na literatura inglesa. O século XIX é cheio de escritores nadadores, sendo os mais memoráveis Clough e Swinburne — este último preferia as costas perigosas. Porém, não há muito disso antes de Byron, com exceção da descrição de Marlowe, de Leandro, em quem Netuno fez cócegas e carícias deliciosas, enquanto nadava por baixo dele no mar:

Ele apertava suas bochechas gordas, com seus cabelos brincava,
E sorrindo travessamente, seu amor revelava.
Ele observava seus braços, e à medida que abriam,
A cada braçada, entre eles deslizava,
E roubava um beijo, e depois se afastava para dançar,
E quando virava, muitas olhadas licenciosas atirava,
E jogava para ele brinquedos vistosos para agradar seus olhos,
E mergulhava na água, e lá tocava
Seu peito, suas coxas, e cada membro,
E subia novamente para junto a ele nadar.

[Linhas 665-74]

Em geral, mesmo após o século XIX, os escritores tenderam a ignorar a atividade: não apenas os poetas, mas até os escritores de ficção e os jornalistas. Para cada escritor de esportes com interesse em beisebol, boxe ou futebol americano (Roger Angell, Joyce Carol Oates e George Plimpton), não há quase nenhum outro para testemunhar as belezas e os prazeres da mais solitária das atividades físicas, tanto como observador quanto como participante.

Quase nenhum outro: uma antologia recente, *Splash: Great Writing about Swimming* (1996), publicada por Laurel Blossom, com uma introdução do falecido Plimpton, que nunca conheceu um esporte de que não gostasse, contém algumas seleções modernas e maravilhosas, incluindo "The Swimmer", de John Cheever, aquela parábola assustadora de um homem que nada pelas piscinas de seu bairro suburbano e acaba descobrindo que ficou velho e desesperançado em sua busca para voltar para a casa. Essa é a mais famosa obra americana sobre natação da contemporaneidade. A antologia de Blossom tem outras delícias inesperadas, os poemas de Philip Booth, James Dickey, A. E. Housman, Mary Oliver, Anne Sexton e Stevie Smith, e a prosa de Jack London e Doris Lessing. Talvez a mais comovente seja "Wet" [Molhada], de Laurie Colwin, que conta a história de um homem que descobre que a mulher sai sorrateiramente todas as tardes por uma hora sem dizer aonde vai, excluindo-o. A história termina assim: "O que o fazia sofrer era simplesmente o seguinte fato: todos os dias de sua vida, ela estava em algum momento úmida, depois secando e, por um bom tempo, molhada." A revelação choca, até mesmo assusta.

As razões para o relativo desprezo da escrita pela natação não são difíceis de encontrar. Por definição, nadar exclui maridos, amantes, todas as outras pessoas no mundo, na verdade tudo o mais, exceto os pensamentos da pessoa. Assim como o herói de Cheever, o principal personagem de Colwin, o não nadador, tem uma crise existencial (o que há na natação que provoca isso?) ao perceber o isolamento essencial de sua mulher sob a água. Por sua vez, ela não tem problema algum com isso, porque nadar a ajuda a manter a sanidade.

A atividade sofre de outros tipos de desatenção também. A natação, todos parecem concordar, não é um esporte interessante de se ver, apesar da existência de Michael Phelps. É enfadonho para a potencial plateia assim como para os participantes. Enquanto é possível obter prazer ao assistir a um corredor em disparada, sobretudo em uma corrida de curta distância, mas até mesmo numa maratona, não é possível realmente ver o nado. O corpo fica submerso e apenas parcialmente visível. E, mesmo quando visível, a atividade não é necessariamente sempre bonita. Como certos corredores, alguns nadadores têm estilos desajeitados, como as braçadas semelhantes a um moinho de vento da campeã olímpica Janet Evans. Porém, é a velocidade que vence a corrida, não a beleza ou a técnica, e pessoas diferentes têm braçadas diferentes. As câmeras de televisão submersas mudaram nossa perspectiva, mas mesmo assim o evento permanece em grande parte inobservada.

Inobservável? Quase. Pelo menos, há um poema contemporâneo notável sobre a natação. Charles Tomlinson, um inglês que admitiu não saber nada sobre nadar, escreveu "Swimming Chenango Lake" durante uma curta temporada como professor na Colgate University, no norte do estado de Nova York, no final da década de 1960. É um poema ao mesmo tempo contemplador e físico, isto é, ele dá uma sensação do que é estar em um lago da Nova Inglaterra no outono e observar um nadador sozinho dar um último mergulho antes que o inverno o impeça de fazê-lo outra vez. Após ler "as hesitações outonais da água/Uma abundância de formas", o nadador entra e contribui para a geometria aquática quando "corta a paisagem da água/E a transforma em farrapos":

Pois nadar também significa se apoderar
Do sentido da água, mover-se em seu abraço
E ser, entre agarrar e ser agarrado, livre.

O nadador se torna parte do elemento que o sustenta, parte da geometria sempre mutante que ele corta, mas que se corrige à medida que vai se deslocando em movimentos rápidos. O corpo humano é 70 por cento água; a natação nos devolve a nós mesmos. A ação do nadador combina fato ("agarrar") e processo ("ser agarrado"); exige uma submissão que depois se torna liberação. Você se move além de si mesmo, sem deixar vestígios. Nadar o liberta do mundo.

Penso no poema de Tomlinson todas as vezes que nado ao ar livre, com o sol nas minhas costas, derramando seus raios sobre a água ao redor, à frente e embaixo de mim. Na meia-idade, comecei a sofrer de um caso moderado de heliofobia (uma palavra inventada por mim), provocado pelo crescimento de pequenas erupções pré-cancerosas nas têmporas e na testa, que me impedem de me aventurar a sair com muita frequência, a menos que os céus estejam quase totalmente nublados. Mas antes, em 1976, quando ainda era destemido, tive uma experiência que me marcou. Nadava não em um lago, mas em uma piscina pública próxima ao rio Charles, no centro de Boston. O feriado do Dia do Trabalho passara; a piscina estava prestes a encerrar sua temporada. As crianças haviam voltado para a escola, e eu era a única pessoa na água em uma tarde revigorante, no início de setembro. A piscina era desgastada e antiga, a manutenção precária, com azulejos quebrados, o tipo que você encontra em toda grande cidade, um remanescente triste de algum bem-intencionado projeto municipal de obras públicas. Era rasa, mas tinha 50m de comprimento, o comprimento perfeito para um nadador sério, porque permite que você ganhe impulsão e ritmo e dê menos voltas. Ela faz você entrar — como não se dizia naquela época — em alfa, e é disso que a natação e as corridas de longas distância tratam. O dia estava frio; o equinócio se aproximava; o sol começara sua descida. Na água, tive a sensação fabulosa de que o mundo inteiro me pertencia e que, como o personagem sem nome de Robert Frost em "The Most of It", eu "tomava conta do universo sozinho". Não havia nada além de mim e o cosmos, juntos.

Nadar é a única entre as atividades físicas que diminui, se não elimina inteiramente, a sensação de ver, que é nosso principal meio de envolvimento com o mundo físico. Você vê as bordas, o fundo, as raias da piscina; você tem visões momentâneas do mundo quando respira ou levanta a cabeça acima da água ao virar, mas, em geral, a visão é mantida em nível mínimo. Na maior parte do tempo, você testemunha o brilho da luz por todos os lados. A audição também passa por uma mudança. A menos que você seja o tipo de pessoa desesperada que usa um Swim-man, o equivalente aquático a um aparelho de Walkman, tudo que você escuta é o constante passar da água, os próprios movimentos e a respiração, enquanto desliza por ela. De todos os sentidos, é o tato principalmente que define a atividade do nadador, e até o "tato" é quase metafórico, porque não existe nada sólido enquanto você puxa, empurra e, de outra forma, abre caminho através de um meio fluido. Quando você está nadando ao ar livre, claro, o clima desempenha um papel delicioso na reação de seu corpo. É possível nadar com chuva, sentindo um tipo de água batendo por cima, enquanto se move por outro. Pode-se ver — ou vislumbrar — as nuvens passando em frente ao sol. Em riachos, lagos ou oceanos, pode-se passar de repente de uma temperatura para outra, à medida que as correntes vão surgindo. Como todas as atividades físicas, nadar força-nos a perceber não apenas nossos corpos, mas também sua relação com o mundo físico além de nós. Para Paul Valéry, a analogia era com o sexo: "Mergulhar na água, mover o corpo inteiro, da cabeça aos pés, em sua beleza selvagem e graciosa; enroscar-se em sua profundidade pura, para mim, isso é uma delícia apenas comparável com o amor." A água sustenta e apoia, mas também oferece resistência. Nadar, como diz Tomlinson, significa apoderar-se do sentido da água e, nesse sentido, acabamos aprendendo algo sobre nós mesmos, nosso mundo e as relações entre os dois.

Nadar não é uma atividade natural para todos, exceto talvez para os recém-nascidos cujas mães decidem devolvê-los a um equivalente novo do líquido amniótico após saírem do útero. De outra forma, é uma atividade repleta de medo — de afundar, se afogar, perder a visão, o controle —, até que se aprende a se adaptar ou a se entregar ao poder de flutuação da água. Até meados da década de 1950, quando a vacina contra a paralisia infantil mais ou menos eliminou o vírus da poliomielite, as piscinas públicas, assim como os bebedouros, eram lugares cheios de perigo. Ao contrário de andar, que ninguém aprende, ou mesmo correr, que todas as crianças fazem automaticamente, nadar exige não apenas submissão e instrução, mas também um tipo de coragem. Algumas pessoas conseguem lembrar de seus mergulhos batismais ou experiências educativas. Eu não. Suponho que tenham acontecido na colônia de férias, em um dia de verão, sob a supervisão de um orientador paciente, ou talvez mesmo nas mãos de meus pais não atléticos na piscina local, ou na praia em Atlantic City. Durante a escola secundária, lembro que atravessei de uma ponta a outra a piscina, na aula de ginástica. Tínhamos que passar em um teste. Foi a única vez em minha vida em que dei um mergulho perfeito e nadei impecavelmente. Obter uma nota foi meu único incentivo. Sei que espalhei muita água em piscinas de clubes campestres e de quintais quando era adolescente, mas também sei que estava muito longe de ser um nadador.

Para este jovem apegado a livros, uma revelação transformadora ocorreu quando, aos 23 anos, decidi que tinha um corpo que exigia atenção. As pessoas *têm* um corpo? Elas habitam um corpo, uma alma dentro de uma carapaça? Você é seu corpo? Passei a ponderar, submerso, sobre as interessantes dimensões filosóficas dessa questão. Durante os anos de pós-graduação, vivia literalmente ao lado da piscina da universidade. Nadar parecia o exercício mais fácil e conveniente, um que não dependia, ao contrário dos jogos competitivos, da programação de outras pessoas. Em termos de absoluta conveniência, correr ou andar é sempre a atividade mais fácil de praticar: nem o clima nem o local devem inibir você. Nadar demanda um lugar e também a necessária programação, mas, uma vez que eu estava livre às dez da manhã, quando a piscina abria, e já que ela nunca estava lotada àquela hora, não tinha desculpas, a não ser a preguiça, para não praticar.

Naqueles dias, nadar, como fazer exercícios em geral, não havia permeado a consciência nacional como o fez desde então. Todos sabiam que o exercício era saudável, mas ninguém discutia isso. Ninguém era obcecado e falava sobre endorfinas. Se você quisesse fazer algo, fazia. Os tênis de corrida não se haviam tornado tão especializados, cientificamente controlados e produtos a serem anunciados. A ergonomia ainda não era uma palavra no vocabulário dos leigos. Os nadadores universitários devem ter vestido trajes de banho de competição, da Speedo ou de alguma outra companhia, mas as pessoas comuns vestiam o que eram chamados de simples calções de banho antiquados. Ou, como no meu caso, não vestiam nada. A piscina da universidade era exclusivamente masculina. O equivalente em Harvard do Parson's Pleasure de Oxford, e nos dias anteriores à modéstia contemporânea que impera em muitos vestiários masculinos, os homens ficavam nus sem qualquer vergonha. As mulheres tinham uma instalação separada, bem diferente, em algum outro lugar. O costume era simples e antigo, como o prédio onde nadávamos. Você se despia no vestiário sujo com armários bolorentos, tomava uma chuveirada, andava por um lava-pés apenas simbólico e lá estava você com seis raias com 25m de comprimento à sua frente. Pode ter havido divisores de raias — não lembro —, mas você simplesmente encontrava um lugar e mergulhava ou, como no meu caso, deslizava para dentro da água e partia. Em meu primeiro dia, atravessei até a outra ponta e parei, sentindo-me tonto. Pausei, recuperei as energias e nadei de volta. Sem saber como respirar apropriadamente, não enfiava a cabeça na água, mas consegui fazer algo entre um rastejo canhestro e um nado cachorrinho ineficaz. Uma volta completa — ou seja, ir e voltar — cinquenta metros. Saí me sentindo um pouco nauseado (será que eu tomara café da manhã muito perto da hora do exercício?) e cheguei ao banheiro justamente a tempo de vomitar.

Esse foi o Primeiro Dia. Segundo Dia: voltei e consegui fazer duas voltas, sem quaisquer efeitos físicos adversos além de leves dores musculares e um pouco menos de tonteira. Estava embalado. Quase não pensava sobre o que fazia. Na verdade, pouco sabia sobre o que estava fazendo. Consegui improvisar um caminho de uma ponta a outra da piscina, mas não respirei corretamente por alguns meses; devo ter tido medo de colocar os olhos sem óculos de natação dentro da água com cloro. Em algum momento, comprei óculos de natação e me forcei a virar a cabeça de um lado para outro, mas devo ter parecido bastante tolo e desajeitado para alguém que porventura tivesse me visto açoitar meu caminho de ida e volta, para cima e para baixo. No entanto, insiste-se. Após várias semanas, sem náuseas e tonteiras, percebi que adquiria força e resistência. Consegui estabelecer objetivos para mim mesmo, humildes, claro, e atingi-los. Estava me tornando um atleta? Eu, cuja ideia de prazer na escola e na faculdade era sentar calmamente em uma sala lendo e fumando? Sempre saboreei o famoso ditado de Robert Maynard Hutchins, presidente da University of Chicago, que sempre que sentia a vontade de se exercitar deitava e esperava que ela passasse. Nunca corra quando pode andar; nunca ande quando pode dirigir. Um professor meu dos tempos da faculdade, um judeu simpático do Bronx, me contou uma história semelhante. No início da década de 1950, ainda na universidade, ele fazia parte de uma organização chamada Exercitantes Anônimos: sempre que um deles sentia a vontade de suar, discava um número e, em alguns minutos, alguns agentes prestativos chegavam à sua porta segurando uma garrafa de uísque, alguns cigarros e um baralho.

Estava longe de ser um atleta. Mas, como qualquer exercício individual, a natação, pelo menos como eu a praticava, é não competitiva; assim, não me sentia ameaçado por mais ninguém. Tive também um prazer igual, quase inexplicável, na simples ideia de que fazia isso. (Tive o mesmo prazer quando aprendi grego antigo.) Não tinha ilusão alguma ou até mesmo um pensamento sequer de que medalhas me esperavam. Impressionei a mim mesmo, a mais ninguém. Um dia, percebi que nadava entre Erik Erikson, de um lado, e John Kenneth Galbraith, do outro. O primeiro fazia um nado de peito elegante, nunca enfiando a cabeça leonina de cachos brancos como a neve na água; o segundo, que parecia medir quase 2,5m, simplesmente partia de uma ponta e chegava à outra instantaneamente, sem esforço. Lá estávamos nós: o psicólogo e o biógrafo famoso no mundo inteiro, o economista e embaixador famoso no mundo inteiro, e eu, um joão-ninguém ignorado pelo mundo inteiro. A piscina de Harvard parecia mais uma extensão do Clube dos Professores do que um local para proezas atléticas sérias. Mesmo quando as mulheres foram admitidas, a informalidade jovial permaneceu. Tudo isso mudaria alguns anos mais tarde, quando Harvard construiu a piscina Blodgett, uma instalação de ponta que permitia a nadadores fortuitos compartilharem espaço com competidores, mergulhadores em seu poço separado e aulas de educação física. Hoje, pensando bem, fico grato pela ausência de nadadores realmente bons, os quais teriam me constrangido. Teria ficado apavorado, como fiquei na infância por aqueles professores de ginástica da escola pública cruéis, todos os quais eram, ou podiam ter sido, ex-militares que tinham menos interesse nos prazeres do exercício físico do que na satisfação sádica que sentiam ao nos obrigar a fazer exercícios. Ir a uma piscina quando adulto, e por minha livre e espontânea vontade, fazia toda a diferença na sensação que tinha do meu corpo e na relação com ele, ou em sua relação com o resto de mim.

Nadar é um ato de aventura imaginativa: "A experiência de nadar é sexual e espiritual. A sensação de água deslizando pelo corpo é dinâmica, erótica, animada e, no entanto, ela desperta, a todo o momento, a consciência da fragilidade de nossa respiração." Assim disse a nadadora australiana e estrela dos primórdios do cinema Annette Kellerman. A água dá sustentação e oferece resistência, e não há ninguém mais solitário, nem mesmo o corredor da distância mais longa, do que um nadador. O definhamento sensorial, ou a transformação dos sentidos embaixo d'água, a força a usar seus recursos internos. A imaginação complementa o corpo enquanto você desliza pela água. John Nabor, um medalhista olímpico de 1976, comentou sobre a relativa sociabilidade dos mergulhadores competitivos, que se enfeitam, pavoneiam-se e, entre mergulhos, sentam em banheiras quentes e jacuzzis para manter os músculos relaxados. Os nadadores, por outro lado, são por definição "lobos solitários": "O nadador não precisa de nenhuma companhia além da própria... Nada além do fluxo da água pelas orelhas, hora após hora no treinamento. Muitos cantam para si mesmos, para passar o tempo." Devo ter chegado à mesma conclusão — não sabendo na época que me colocava na companhia de peritos —, porque também cantava.

Nadar me dava, e continua me dando, a oportunidade de cantar para mim mesmo, recitar poemas, planejar o futuro e rever o passado. E de entrar em um estado meditativo do tipo zen, enquanto conto minhas braçadas a cada volta, como a prática budista conhecida como *kinhin*, que combina os passos com a respiração enquanto se anda por uma sala. E, de outra forma também, eu fazia parte dessa companhia de "lobos solitários" autossuficientes: aparentemente, é difícil que os melhores nadadores se sobressaiam em outros esportes, porque seus corpos se desenvolvem de uma forma muito estranha, com músculos longos e flexíveis, mãos e pés grandes, os principais requisitos para competidores. Eles não se adaptam bem a esportes terrestres. Não que, alguma vez, eu tenha pensado em me preparar para outras atividades e não que minhas mãos e pés sejam longos, ou meus músculos especialmente flexíveis.

O que é verdade para os nadadores comuns como eu, sobretudo aqueles que se restringem a dar voltas numa piscina, não é necessariamente verdade para os nadadores de mar aberto e águas profundas. Duvido que Matthew Webb, o primeiro homem a atravessar a nado o Canal da Mancha — de Dover a Cap Gris — em 24 de agosto de 1875, tenha cantado para si mesmo durante as 22 horas na água, e certamente não em 1883, quando morreu nas fortes correntezas das Cascatas do Naiagara. Como todos os nadadores de longa distância, Gertrude Ederle, a primeira mulher a atravessar a nado o Canal, em 1926, teve de prestar mais atenção às marés, às temperaturas e aos detritos flutuantes do que ao funcionamento de sua psique.

De acordo com Mark Spitz, nadar é perfeito para os narcisistas. Assim como a mente, o corpo é egocêntrico. Spitz diz que a natação é o único esporte que coloca o competidor em um pedestal — o bloco para a partida —, antes mesmo de ele começar, quando "é apresentado e aplaudido. Ele ainda não fez nada. Reconhecimento instantâneo. Isso é muito importante para o atleta. Em seguida, ele é imediatamente recompensado com a medalha. Seria terrível se a recebesse no dia seguinte. Ele poderia esquecer por que a ganhou". Spitz dá a entender que as longas sessões submersas teriam afetado a mente do pobre atleta, como se a memória de curto prazo começasse a sumir.

Ainda mais do que os narcisistas, a natação atrai obsessivos e sonhadores. Charles Sprawson, cujo *Haunts of the Black Masseur* (1993) permanece sendo o melhor livro dedicado à atividade, observa que os viciados em ópio e os nadadores "tendem a ser solitários, figuras remotas, que se sentem superiores às mentes estúpidas e convencionais." Os dois tipos de pessoas foram absorvidos pela estranhezas de sua experiência, e não surpreende que a natação tenha ganhado popularidade entre os ingleses excêntricos do século XIX. O que é mais estranho sobre essa atividade é que ela tem, na verdade, uma história — uma história que mudou ao longo do tempo e em lugares diferentes. Na Grécia antiga, era uma habilidade que os pais eram obrigados a ensinar aos filhos. A maioria das representações visuais mostra os nadadores dando braçadas laterais, ou no meio de um mergulho de peito. O mergulho sugere que pode ter havido competições informais, mas não temos registros ou informações sobre a presença de espectadores. Braçadas diferentes, como estrofes poéticas, entram e saem de moda. A competição de natação nas primeiras Olimpíadas modernas (Atenas, 1896) foi realizada na Baía de Zéa, em Pireus. As distâncias eram marcadas pelo espaçamento entre barcos que também continham espectadores e juízes. Não havia distinção entre os tipos de braçada: o primeiro evento foi uma corrida de cem metros, e o nado de peito era de longe a técnica preferida. (O nado de costas foi introduzido em 1900, o nado livre "australiano", um pouco mais tarde.) O único participante americano não estava acostumado à água fria, por ter passado seu tempo em piscinas; ele mergulhou, gritou e voltou para a boia de onde pulara. A maioria dos homens estava nu, exceto um húngaro e o americano delicado.

Ao que tudo indica, alguma versão do nado de peito predominou durante a maior parte do tempo no Ocidente. Uma teoria é que ele se desenvolveu após a queda de Roma, quando a água ficou suja ou foi considerada uma fonte de pragas e doenças. Os movimentos das mãos mantinham o corpo acima da água e impediam que ela entrasse na boca. Suspeito de que a frase metafórica "manter a cabeça fora d'água" deve ter se originado dessa razão prática, embora hoje, na maioria das vezes, mantemos a cabeça totalmente submersa quando nadamos, exceto no nado de costas. Os elisabetanos preferiam um nado cachorrinho, substituído pelo sapo ou de peito, aquele que Webb usava. Em 1726, o jovem Ben Franklin nadou pelo Tâmisa, de Chelsea até Blackfriars, só para se distrair, embora não estejamos certos de como ele fez isso. O que conhecemos como nado crawl, ou estilo livre, emergiu no fim do século XIX. Em 1845, os índios americanos, competindo com os nadadores ingleses em Londres, costumavam levantar o braço por cima dos ombros — a braçada moinho de vento que inspirou Johnny Weissmuller mais tarde. O havaiano Duke Kahanamoku tornou o crawl mais eficiente. Ao atravessar o Canal, Ederle bateu o recorde masculino em duas horas, nadando crawl o tempo inteiro.

Melchisedek Thevenot escreveu um dos primeiros manuais, *Art of Swimming*, em 1696. Publicado primeiro em francês, depois em inglês, três anos mais tarde, ele nos lembra do passado da natação e de como era diferente do presente. As pessoas nadavam menos por prazer, puro e simples, do que por limpeza, comércio (mergulhando para buscar pérolas, por exemplo), autopreservação em batalhas, ou para quando se encontrassem, infelizmente, em um naufrágio. As instruções e as imagens são hilárias para nossos padrões. Em termos efetivos, os ensinamentos lidam quase exclusivamente com o nado de peito como o modo padrão. O livro também inclui um minitratado sobre um tipo de nado de costas elementar, sem o uso dos braços, com uma batida de pernas tipo sapo, realizado com as mãos sobre o estômago. O capítulo XV, "Para nadar sobre a barriga, mantendo as mãos paradas", ensina como nadar de barriga para baixo com as mãos atrás da cabeça ou das costas. A ação fica toda nas pernas. Na verdade, trata-se de uma simples flutuação glorificada. O autor observa: "Essa maneira de nadar pode ser útil, se acontecer um acidente com seus braços, como câimbra etc., ou se você for forçado na ocasião a nadar com as mãos amarradas para trás, ou no caso de você ser um prisioneiro e sua vida depender isso." Oh, sim: uma habilidade de grande utilidade. O capítulo seguinte instrui sobre como "carregar a perna esquerda com a mão direita", útil — novamente — em caso de câimbra ou gota, "ou se uma perna estiver presa em plantas". Meu favorito? O Capítulo XXVII, que, após nos lembrar de que um especialista pode ficar de pé, sentar, deitar ou se mover pela água, ensina como "Cortar as unhas dos dedos dos pés dentro d'água".

Embora saibamos que os antigos gregos gostavam de nadar, a atividade experimentou altos e baixos de popularidade. Durante o cristianismo, ela entrou em decadência até ser restaurada com energia espetacular no começo do século XIX. Na Grã Bretanha, o ângulo homoerótico, ou pelo menos homossocial, era forte, como também acontecia na Alemanha. Cyril Connoly resumiu a antiga tradição etoniana em uma publicação anterior à guerra: "A fusão de minha antiga trindade, graça, imaturidade e segurança", vem de seu sentimento pela tradição de "dois amigos indo nadar". A adoração helênica ao corpo e à inocência pastoral se uniam, pelo menos na imaginação. Os integrantes do círculo de Bloomsbury nadavam. Rose Macaulay e também Virginia Woolf nadaram nuas com Rupert Brooke antes da Grande Guerra. Iris Murdoch foi uma das últimas grandes nadadoras fluviais inglesas.

Para todas essas pessoas — como para nós, que nadamos atrás delas, de costas ou de barriga para baixo —, a água tem poderes limpadores e purificadores. "*Ariston men hudor*" ("A água é melhor", sobretudo quando fria): a sociedade de natação dos antigos etonianos adotou como lema a frase de abertura da primeira ode olímpica de Píndaro. O rito da natação, composto de elementos físicos e espirituais, continua a fornecer uma sensação de despertar mesmo para aqueles de nós que se utilizam dos espaços fechados de piscinas cobertas, em vez dos *loci amoeni* (os "lugares amenos" na poesia pastoral em latim) de fontes, lagos e oceanos, todos com suas respectivas divindades. Mas além de seus aspectos físicos e quase religiosos, nadar permite algo mais: a expansão da mente no ato da contemplação. Isso ela compartilha, claro, com a corrida de longa distância e, sobretudo, com o impulso meditativo da mente pensando durante o ato de andar. Mas, por causa da transformação sensorial inerente à água, a mente funciona ainda mais abstratamente quando o corpo está submerso.

Ludwig Wittgenstein articulou a conexão de uma maneira melhor: "Como o corpo de uma pessoa tem uma tendência natural para se dirigir à superfície e tem-se que fazer um esforço para chegar ao fundo, assim também é com o pensamento." Da mesma forma, pode-se afirmar o oposto: o corpo desacostumado com a água tende a afundar; somente a flutuação, inata ou aprendida, pode mantê-lo na superfície. E com o pensamento, dá-se o mesmo: dividimos o foco entre o que permanece na superfície e o que parece ficar abaixo dela, raramente percebendo que a própria metáfora que usamos para descrever o domínio da mente tem semelhança com a água e a nossa experiência dela.

Oliver Sacks, o ilustre e sábio neurologista, especialista em diversas disciplinas científicas e humanísticas, descreveu no doce ensaio autobiográfico, "Bebês aquáticos", a alegria causada por brincar no e com o meio flutuante que sustenta o nadador. Mais importante, ele descreve como as propriedades da mente que são alteradas pela natação podem estimular o pensamento como nada mais é capaz de fazer. "Êxtase", ele a chama — aquela palavra cuja origem em grego se refere a sair de si mesmo: "Havia um envolvimento total no ato de nadar, em cada braçada e, ao mesmo tempo, a mente conseguia flutuar livre, se tornar encantada, em um estado parecido com um transe." Em tais transes, sonha-se, compõe-se — poemas, canções, palestras, não importa muito o quê —, até mesmo canta-se para si mesmo. Trechos extensos das operetas de Gilbert e Sullivan que memorizei sem motivo algum na adolescência passaram pela boca da minha mente durante uma sessão de noventa minutos de nado. Quem sabe onde se pode descobrir utilidade? Sacks também alinha a natação com "atividades *musicais*": fluindo, flutuando, suspendendo em sua dinâmica. Os nadadores prestam atenção ao ritmo, assim como os dançarinos. Conforme Sacks, um atleta envolvido em qualquer atividade que produza endorfina conhece o nervosismo irritado que se apodera dele quando é privado da fonte de sua euforia. "Vício saudável" soa como um paradoxo, mas ser viciado no "barato" físico natural que o exercício proporciona tem de ser uma das melhores, e certamente a mais barata, das emoções disponíveis. A vida dos sentidos leva a tipos de prazer que vão muito além deles.

Nada dura para sempre. Até mesmo aquelas rotinas diárias que dão prazer se curvam à mudança. Em algum momento, sente-se o desejo de melhorar ou variar o ritmo. Quando você anda, o faz em razão de uma combinação da necessidade de locomoção pedestre e da busca por prazer. Raramente importa se você melhora ou não, a menos que você pratique marcha atlética ou queira bombear os fluidos cardiovasculares. Mas, como um pianista que começa com os exercícios para os dedos de Czerny e passa para as sonatas simples de Mozart, fugas complexas de Bach e grandes acordes de Liszt ou Scriabin, um atleta deseja expandir a técnica, melhorar o desempenho. Nadar está longe de ser uma atividade natural, e pode-se melhorar sempre. Não que eu alguma vez tenha sentido a urgência competitiva que me levaria a ter aulas com mestres, participar de competições divididas por faixas etárias, ou alimentar fantasias mirabolantes de meia-idade de ganhar um troféu. O desejo é de progredir, pura e simplesmente. Não meramente ir mais rápido, mas aumentar a emoção que surge do envolvimento mais generoso e profundo com a própria água. Tornar-se um mamífero mais aquático.

Portanto, 38 anos após entrar sozinho na piscina de Harvard, e mais de meio século após o primeiro encontro com a água em algum lugar e tempo distantes e esquecidos, comecei a ter aulas. Após flutuar todos esses anos, quis encontrar apoio adicional para minha inclinação natural. Mais velocidade, maior eficiência, mais flutuação: mais prazer, mais felicidade. Ou assim pensava. Contratei os serviços de uma ex-nadadora de uma equipe universitária que dava aulas particulares individuais e coletivas. Qualquer um que passou de se exercitar sozinho em uma academia de ginástica a ter um treinador pessoal sabe exatamente o que acontece. Após me considerar competente por tanto tempo, agora tinha de desfazer décadas de maus hábitos e reaprender o esporte quase do começo, a arte que uma vez afirmei dominar.

Tudo parecia estar errado comigo e com meus movimentos: o ângulo no qual meus braços entravam na água; a colocação da cabeça quando virava para respirar; a posição do corpo na água; o jeito como me impulsionava; a posição das mãos no início e no fim da braçada; minha batida de pernas. O que havia a meu favor? Bem, pelo menos, tinha paciência, pensei, depois de passar inúmeras sessões de natação de mais de uma hora sem parar. Na verdade, após ter sido colocado em um ou outro tipo de treinamento ("Vai a cem por cento; volta a oitenta por cento; descansa dez segundos e depois repete"), quase não conseguia respirar. O treinamento de velocidade, o equivalente aquático da disparada curta do corredor; novos exercícios e treinos; acessórios como raquetes, faixas, nadadeiras, pranchas e boias; todos esses jogos e brinquedos novos me ajudaram a melhorar tudo que fazia.

Porém, o trabalho não era um prazer, exceto após terminá-lo, nem uma tarefa fácil de ser realizada. Para começar, a pura força do hábito e a memória muscular garantem que, a menos que você preste muita atenção na instrução ("Queixo para baixo" ou "Peito para fora" ou "Certifique-se de que o braço direito não bata em seu corpo"), tende a reverter ao modo padrão, aos modos velhos e ruins. A habilidade exige concentração. No entanto, em quantas coisas podemos pensar ao mesmo tempo? No meu caso, em uma só. Então, precisei fazer o pedido não incomum à minha treinadora para que ela me desse apenas uma instrução a fim de que eu me concentrasse a cada determinada quantidade de metros. "Foque na mão direita", "Respire a cada três braçadas", "Mantenha os tornozelos sobre a linha da água", e assim por diante. O divertimento evaporava rapidamente.

E tem mais: esse equivalente de voltar à escola elementar coloca um professor como eu na posição instrutiva de me tornar um estudante novamente. Quando o que se está estudando é algo para o qual se carece de um dom natural, quando se deve aprender a fazer algo com o corpo, por ele, e para ele em vez de com a mente, a experiência é, no mínimo, humilhante. Senti-me, como na pista de dança, como um aprendiz lento, desprovido de talento, cujos professores tinham que demonstrar bondade e simpatia excepcionais. Aprendi mais sobre ensinar com os treinadores que tive (de dança e ioga, personal trainer e agora a professora de natação) do que com qualquer colega acadêmico, pelas simples razões de que preciso prestar mais atenção ao meu status de aluno humilde e eles precisam encontrar metáforas apropriadas — além dos termos técnicos e científicos — para descrever exatamente o que desejam que eu faça. Para melhorar minha técnica, tive de aprender a ouvir as instruções e internalizá-las. Tive de seguir ordens. Tive de desistir da improvisação. Tive de me tornar sério.

Ao me obrigar a concentrar, toda essa aventura também teve o efeito imprevisto, porém não indesejável, de me fazer *pensar* sobre meu corpo e sua atividade. Isso é precisamente o tipo de pensamento que evitara com sucesso durante décadas. Era *disso* que queria escapar ao praticar a natação. Antes, enquanto nadava, me permitia o luxo de devanear, de encontrar a zona meditativa que melhor se adequava ao meu temperamento otimista e descomprometido. Se algo vale a pena ser feito, sempre pensei, vale fazê-lo mal. Por que se esforçar? Por que causar estresse? Por que *trabalhar*? Há décadas, atingira o ponto de ser capaz de mergulhar em uma piscina, nadar em um ritmo constante por longos períodos de tempo sem parar e sair de lá refrescado e relaxado. Sob o novo regime, tudo mudara. Ao final de trinta minutos, eu estava ofegante; no dia seguinte, sentia dores e ardências em músculos previamente desconhecidos ou adormecidos. Meu corpo se sentia pesado, duro, morto. Estava progredindo.

Para mim, o verdadeiro divertimento da natação fora equivalente ao da caminhada: ela promovia e aprofundava a vida mental. Cultivava a imaginação. Agora, precisava reajustar meu pensamento sobre o pensar. A intensidade substituía o relaxamento mecânico. Não mais Gilbert e Sullivan, não mais recitação de poesias, não mais preparação de aulas para meus alunos ou listas de tarefas a fazer. Não mais nomeações de todos os presidentes americanos e seus vices em ordem cronológica, juntamente com seus concorrentes. Tinha de focar inteiramente em meu ombro direito, minhas coxas, meu dedo mindinho, no ângulo de meu queixo, ou na parte que fosse objeto de escrutínio temporário intenso. Tinha de concentrar na rotação do tronco, nos músculos estratégicos, em meu deslizamento, na "pegada" de minha braçada. O corpo tem uma mente própria, e esta precisava ser estudada e explorada. A vida na piscina costumava me dar um escape encantado, hipnótico e transcendente; em uma sessão de nado longa, conseguia sentir meus batimentos cardíacos gradualmente acelerarem e a pressão arterial baixar. A prática me tornou melhor, se não perfeito, mas também me roubou o mistério intrínseco da natação. Agora tudo mudara: cada centímetro de meu corpo funcionava muito próximo aos níveis de pico, e minha mente parara de funcionar, exceto com relação ao trabalho em mãos.

Nadar se tornara, na verdade, um trabalho. Antes, sentia que deixava o trabalho fora da piscina, em vez de considerá-lo com tranquilidade. Agora, eu tinha um novo tipo de trabalho duro, cujos resultados vinham frequentemente em proporção inversa à gratificação imediata que sentia. Nadar se tornara uma ciência; precisava aprender hidrodinâmica, aerodinâmica, propulsão, leis de energia e física, e nada disso me atraía com intensidade. E precisava nadar sob a supervisão de outra pessoa. Se antes eu gostava e me refugiava no silêncio absoluto de estar submerso, agora conversava com minha instrutora sorridente e bebedora de café após cada cinquenta ou cem ou duzentos metros. Precisava prestar atenção às palavras dela, mesmo quando estava totalmente ofegante. Estar na água se assemelha a estar fora dela. Anos atrás, falava com um aluno meu, um Adônis da natação olímpica que acabara de encerrar sua carreira de nadador universitário. Perguntei se sua última competição fora um evento acridoce, se ele sentira um anticlímax. Ele concordou que fora, que se sentira assim. "Você continuará nadando por diversão de agora em diante?", indaguei. "Você ficou maluco?", respondeu, "Faço isso desde que tinha 5 anos e espero nunca mais precisar entrar na água novamente."

Mais tarde, cheguei a uma conclusão. Do prazer absoluto de nadar por uma hora, o equivalente a uma caminhada prazerosa cômoda no parque, no melhor estilo antigo, durante a qual a mente pode vagar livremente com o corpo, passei à tortura dos treinos, a contrapartida daqueles cartões de aprendizagem que você usa quando estuda uma língua nova ou dos exercícios constantes de verbos, tempos verbais e modos que você finalmente internaliza através da prática. Então, após muita dor, você alcança o patamar mais elevado. Sem precisar pensar, automaticamente encontra as expressões idiomáticas e os tempos verbais corretos. Você emerge proficiente.

A vida corporal acaba se parecendo com a vida mental, ao invés de diferir dela. O que aprendi em minhas sessões com a professora de natação gradualmente permeou a minha braçada, melhorando meu desempenho global. A concentração desapareceu, ou pelo menos encontrou um objeto diferente. Internalizei minhas aulas e não precisei mais pensar em partes distintas do corpo. Tornei-me mais íntimo com a água e comigo mesmo. A instrução me libertara, e eu voltei à água confiante de que poderia reiniciar — naqueles dias em que não queria pensar muito em minhas braçadas, mas, ao contrário, meramente contar o número delas — minha cantoria interna das músicas de G&S, minha recitação de poemas, minha elevação gradual para um domínio espiritual mais sublime. Tornei-me mais flutuante, no espírito e no corpo. Nadar me mantém feliz.

7 *Escrever*

Começarei com duas frases famosas: "Escrever é fácil: tudo que você precisa fazer é sentar e encarar uma folha de papel em branco até pingos de sangue brotarem em sua testa" (atribuído a Gene Fowler e a Red Barber); "Homem algum, a não ser um tolo, jamais escreveu, exceto por dinheiro" (Samuel Johnson). Mais do que qualquer outra atividade sobre a qual escrevo neste livro — ler, caminhar, olhar, dançar, ouvir e nadar —, escrever causa dor e frustração muito antes de dar satisfação. E, embora compositores, coreógrafos e pintores provavelmente sofram períodos comparáveis de falta de inspiração, ninguém parece sofrer mais de bloqueios criativos do que os escritores. Pelo menos, eles dedicam uma porção de tempo e energia falando sobre sua incapacidade para escrever. Por que qualquer um faria isso quando as recompensas por seus esforços parecem incomensuráveis? O bloqueio e a tolice do escritor fazem um par impressionante. Ao escrever sobre escrever, agora me coloco numa longa fila de escritores que fizeram o mesmo. Todos nós temos algo a dizer sobre o assunto. É o que — pensamos — fazemos melhor. Se você quer saber como preparar bacon, uma boa opção é perguntar ao porco.

Todos dão sua opinião, em algum ponto de um espectro que vai do masoquismo paralisante e estressante à espera pela gota de sangue na testa, ao puro êxtase pelo desconto do cheque ou pela descoberta das "melhores palavras na melhor ordem", definição de Coleridge da poesia. Todo mundo reconhecerá a sabedoria do profissionalismo obstinado do dr. Johnson, mas depois continuará a anuir com a cabeça, concordando com Tennesse Williams, que, ao ser perguntado por que escrevia, respondeu simplesmente: "Necessidade biológica." Qualquer pessoa criativa ecoará Williams: não poderíamos fazer de outra forma. Mas todos nós sentimos, pelo menos durante parte do tempo, que estamos batendo a cabeça contra o muro metafórico. Uma das histórias mais tristes e instrutivas sobre a frustração do autor foi contada por Colette sobre seu pai, um capitão do exército reformado que se recolhia para seu escritório todos os dias para escrever suas memórias. Ninguém em sua família o perturbava, interrompia ou tentava abrir seus livros encadernados, com títulos impressos, como *My Campaigns*, *The Lessons of '70* e *Marshal Mahon Seen by a Fellow Soldier*. Quando morreu, a família os abriu: estavam em branco. Não escrevera uma única palavra. Como ele passara seus dias? Apontando lápis? Olhando pela janela? Cochilando? Todos nós temos medo. Conhecemos o terror da página em branco ou, para a maioria de nós, da tela piscante que grita para ser escrita. Estamos procurando desesperadamente preencher aquele vácuo que a natureza sabidamente abomina?

Todo mundo precisa de histórias: poucas pessoas precisam escrever. Juntando todos, a maioria da raça humana, desde o início de nossa época, era analfabeta. Sócrates opôs-se à escrita com base na teoria de que quando as pessoas podem recorrer à leitura, perdem a capacidade de lembrar, de pensar. Você pode questionar alguém, mas um livro, se inquirido, apenas dirá o mesmo mais uma vez. As gerações transmitiram suas histórias, canções e poemas oralmente, de pai para filho, dos idosos da vila para os jovens, de uma geração para a seguinte: essa é a forma como as lendas e os mitos se perpetuaram.

Os historiadores da leitura e da escrita podem nos contar sobre como essas artes se desenvolveram — seus métodos, tecnologias e propósitos —, mas eles raramente nos contam sobre a alegria profunda que acompanha o ato criativo. Os próprios escritores — como os acima — sabem que as dores de seu ofício são o preço e a causa inevitáveis de seus prazeres, de colocar as melhores palavras na melhor ordem, ou de fazer o que o falecido Howard Nemerov disse modestamente sobre poesia: "Um poema significa acertar algo na língua."

Acertar começa com as mãos. Um escritor é como uma criança brincando com pinturas de dedos. Essas duas atividades manuais emporcalhadas surgem com frequência simultaneamente. Aprender a escrever envolve aprender a dar formato a letras ao longo de linhas retas, assim como aprender o que dizer e como dizê-lo. As pessoas de certa idade podem lembrar do método Palmer de caligrafia, com seus quadrados e linhas padrões, dentro das quais tínhamos de manter nossas letras formadas com perfeição. Éramos ensinados a escrever de acordo com regras. Alguns de nós lembram-se de tinteiros nas escrivaninhas de madeira escolares, dentro dos quais mergulhávamos as canetas com ponta de aço antes de aplicar a tinta ao papel em esforços iniciantes que, com muita frequência, pareciam testes de Rorschach, manchas, gotas e teias de aranha, tudo ilegível.

Aos 10 anos, escrevi um jornal inteiro. Repórter, escritor, editor, desenhista, produtor e revisor, era como uma orquestra de um só músico. Quando faltei à escola por causa de catapora ou sarampo, de cama por uma semana inteira, mas de nenhuma forma incapacitado, passei o tempo alternando entre cochilar, ler, ouvir rádio e escrever. Apoiei uma prancha para escrever, simplesmente uma prateleira de madeira que estava sobrando, sobre os braços da cadeira de leitura em meu quarto, e sentei com papel sem linhas, uma régua e vários lápis de cor. Com a régua, fiz cinco colunas verticais e algumas divisões horizontais. Todos os espaços — o plano todo parecia o esboço de uma pintura de Mondrian — seriam artigos, alguns dos quais independentes, outros continuariam no interior do jornal, como nos jornais da Filadélfia que via todos os dias, o *Inquirer* matutino, o *Bulletin* vespertino. Nos Estados Unidos da década de 1950, todos liam, pelo menos, dois jornais diários, os nova-iorquinos até mais. Tinha o plano completo, os materiais e aquilo que os jornalistas chamariam de o layout da página. O que não tinha era o tema. Como o pai de Colette, que supostamente apontava lápis e rearrumava seus livros belamente encadernados em cima da mesa todos os dias, estava pronto para começar. Até, isto é, que tinha de começar, e então parei.

A escolha do tema sempre foi a primeira e mais amedrontadora das tarefas do escritor. O escritor tradicional de épicos após Homero precisava saber que história abrangente ele se preparava para escrever. E o poeta tradicional de épicos escrevia apenas um único épico, para o qual sua vida inteira constituía uma preparação. Virgílio foi galgando etapas até a *Eneida*, Dante, até a *A divina comédia*, Spencer, até *The Faerie Queene* (inacabada ao morrer, assim como ficou a *Eneida* quando Virgílio faleceu), Camões, com *Os Lusíadas*, e Milton, com *Paraíso perdido.* Whitman reuniu as partes constitutivas de *Folhas de relva* ao longo de sua vida, como também fez Ezra Pound com seus *Cantos.* O estilo épico veio a abranger uma coletânea de poemas mais curtos, e não uma história completa, agora que a ficção em prosa substituiu a poesia na tarefa de narração.

O escritor deve escolher seu tópico, ou esperar que a Musa venha até ele com uma ordem e um tema. Assim, o Venerável Beda nos conta sobre Caedmon, um pastor analfabeto do século VII em Whitby Abbey que, ao ser visitado por um anjo numa certa noite, foi inspirado a cantar em um sonho. "O que devo cantar?", ele perguntou. "Cante para mim sobre a Criação", o anjo respondeu, e Caedmon obedeceu. Então, ao acordar, ele foi até a madre superiora e contou o sonho. Ele recitou o poema. "Hymn" de Caedmon, com apenas nove linhas, não é apenas uma canção em homenagem à Criação, mas também o início da poesia inglesa, uma alegoria da invenção literária. Caedmon foi inspirado; e sua história, como a de todos os poetas na tradição ocidental, desde Homero até Pope, nos faz lembrar que, às vezes, nos acontece o inimaginável. Ninguém sabe como ou por quê. "O que devo cantar?", essa é a eterna pergunta.

Alguns escritores ficam aguardando pela Musa. Outros se apegam a um limite de palavras diário. Anthony Trollope e Graham Greene são os exemplos mais famosos da autodisciplina rígida: eles paravam quando atingiam o limite, mesmo se estivessem no meio de uma frase. Outras pessoas confiam em outros meios, algumas nas drogas e no álcool; o falecido poeta americano James Merrill, em vozes reveladas a ele pelo tabuleiro ouija; Yeats, na escrita manual automática de sua mulher, George. Alguns trabalham melhor quando contratados para cumprir uma determinada tarefa. O amigo mais útil de um jornalista é a ordem: "Preciso de três mil palavras sobre isso amanhã de manhã." O restante de nós deve procurar e se esforçar para encontrar as próprias fontes.

Mas eu divago, como lorde Byron uma vez disse de si mesmo. Após ter todos os materiais físicos preparados, precisava dar início a meu esforço jornalístico de alguma maneira. A forma física estava à mão — algo que lembrava um jornal — logo, pensei, por que não escrever algumas reportagens sobre fatos que realmente aconteceram? Histórias locais? Acontecimentos nacionais? Notícias do fronte suburbano? Relatórios meteorológicos no quintal? Minha vida e época? Esses temas poderiam ter bastado, mas pareciam tão banais e insubstanciais que os rejeitei de pronto. Além disso, por estar doente, não podia sair de casa. Tinha lido uma série de biografias para crianças dos primeiros fundadores da nação e alguns outros livros sobre a história colonial americana e então me ocorreu: escreverei um jornal sobre os eventos que levaram e se seguiram ao 4 de julho de 1776. Afinal, sou da Filadélfia e vi o Sino da Liberdade e o Independence Hall, a casa de Betsy Ross e Elfreth's Alley, nos passeios escolares. O artigo principal, na página um, acima à direita, descrevia a leitura da Declaração do sr. Jefferson. Outros tratavam do clima da cidade durante aquele verão sufocantemente quente e de um perfil do dr. Franklin, o filho não nativo favorito da Filadélfia e sua participação nos bastidores. Tenho certeza de que inventei determinados detalhes de interesse local, que criei um elenco de personagens secundários e lembro-me de algumas ilustrações especialmente canhestras feitas com lápis de cor.

Meu jornal, *The Philadelphia Ledger*, teve apenas um único exemplar publicado; houve só uma edição que há muito foi para o lixo da história. Ele constituía não apenas minha primeira obra, mas também uma declaração de minha independência. Daquela época em diante, escreveria sobre assuntos com realidade própria. Embelezaria e interpretaria, mas não inventaria do nada. Eu poderia ter sido um historiador. Em vez disso, me tornei um crítico literário e um jornalista de vez em quando, baseando minha escrita em algo já existente e contente por pensar em mim mesmo como uma pessoa secundária, responsiva, ou recreativa. Sem conhecê-lo ou a suas palavras, simpatizei com o prussiano do século XIX Leopold von Ranke, com seu compromisso em escrever história e em "*zu zeigen, wie es eigentlich gewesen ist*", mostrar tudo como realmente era.

Alguns escritores são descuidados, escrevem o que lhes vem à cábeça e não apenas quando sentem vontade, mas também sobre caixas de fósforo, guardanapos. Eles são tão despreocupados com seus instrumentos quanto com o lugar e a forma de escrita. Outros são obsessivos com relação ao local e aos materiais, as ferramentas físicas do ofício. Há cenas famosas de escrita assim como há cenas de leitura. Proust ficava em sua sala revestida de cortiça, bloqueando todo o barulho, assim como o ar nocivo. Conheci um compositor ilustre que converteu a garagem, que dava para um pátio idílico, num estúdio de escrita e audição. Sua primeira providência foi cobrir com tábuas todas as janelas: ele não queria ter acesso à qualquer forma de natureza que fosse, nenhuma distração de seu ofício e para seus pensamentos. Edna Ferber pensava da mesma forma: "A vista ideal para a escrita diária, hora após hora, é a parede branca de um armazém frigorífico. Se faltar isso, uma faixa de céu serve, mas, se possível, sem nuvens."

Como Proust, Edith Wharton escrevia na cama, mas por razões outras que não uma doença. Ela podia ficar sem corselete, o que lhe proporcionava liberdades não permitidas a uma senhora distinta. Escrevia à mão, jogando papéis nos pés da cama ou no chão, onde seriam pegos e transcritos pela secretária. A sra. Wharton tinha uma vida de escritora que precedia outra programação diária que ela seguia sempre que se levantava, se vestia e se aprontava para encontrar o mundo. Confinada, no fim da vida, ao seu quarto no Palais Royal em Paris, Colette escreveu em um *radeau-lit*, uma mesa especialmente projetada para se encaixar sobre a cama. Ao longo do século XX, os escritores se afeiçoaram às suas máquinas de escrever, a determinadas marcas, fitas e sons. Henry James era tão inspirado pelo tec-tec das teclas enquanto ditava que frequentemente solicitava à secretária que começasse datilografando antes de ele ter algo a dizer. Como um cachorro pavloviano, James começava a salivar antes de ouvir a campainha. Dependência, ditado, dicção: todos eles começam com a letra "d" de digitação.

Algumas pessoas ficam em casa, outras saem. O prolífico John McPhee vai para um escritório perto de sua casa, em Princeton, e se tranca lá o dia inteiro. Quando perguntado em uma entrevista se tem prazer com sua escrita, além de dor e frustração, ele respondeu: "Por cerca de dois minutos ao dia." Quando era um jovem escritor sem muito dinheiro, John Cheever alugou um pequeno estúdio no prédio onde morava em Manhattan. Todas as manhãs, vestia terno e gravata, pegava o elevador e descia alguns andares, entrava no escritório e retirava o terno e a gravata. Sentava e escrevia vestindo sua roupa de baixo até o fim do dia, quando se vestia novamente e voltava para casa. Ele era um escritor viajante experimentando o estilo de vida suburbana sobre o qual escreveria mais tarde.

Alguns escritores têm outros rituais específicos, mantras ou necessidades especiais. Outros podem trabalhar em qualquer lugar; Byron observou alegremente que conseguia compor em cima de um cavalo ou na banheira. Às vezes, o método assistemático não acertava nada, mas, quando acertava, ou assim dizia, era bom de verdade. Ele era um escritor rápido, juntamente com Jack Kerouac e Allen Ginsberg, os quais fingiam uma espontaneidade byroniana, embora na verdade fizessem correções. E há aqueles famosos pela lentidão. Oscar Wilde: "Eu trabalhei na prova de um de meus poemas a manhã inteira e retirei uma vírgula. À tarde, eu a coloquei de volta."

A maioria dos bons escritores se encontra em algum ponto entre os dois extremos; suas palavras jorrando durante boa parte do tempo e, em outra parte, falhando. O famoso ditado de Keats "Se a poesia não vem tão naturalmente quanto as folhas de uma árvore, é melhor que não venha de forma alguma" representava apenas um lado do artesão meticuloso que fazia revisões cuidadosas durante sua curta vida de escritor. Pelo que se sabe, "Ode to a Nightingale" foi escrito em uma manhã. "On First Looking into Chapman's Homer", o primeiro grande poema de Keats, surgiu para ele enquanto andava para casa, em Londres, após participar de uma noite de poesia com o amigo Charles Crowden Clarke, que recebeu o soneto de Keats em sua mesa juntamente com a entrega da correspondência matutina. Mas Keats também enfrentou muitos problemas com outras obras, sobretudo as mais longas, que ele começava, revisava e abandonava, sem saber como acabariam. A maioria dos escritores gosta de se preocupar com os mínimos detalhes, de *potchkie*, como se diz em iídiche. Portanto, Yeats: "Uma linha leva horas talvez;/Embora não pareça mais do que o pensamento de um momento,/Nossa costura e descostura foi em vão." A aparência de espontaneidade é o resultado de um esforço imenso.

Alguns esforços continuam para sempre. Wordsworth terminou seu *Prelude* em 1805, mas não o publicou. Pelas décadas restantes de sua vida, trabalhou nele de modo que, quando foi lançado após sua morte em 1850, representava apenas parcialmente as ideias e palavras do jovem que estava mais próximo em idade dos eventos de seu passado que ele tentava reproduzir. A versão original de 1805 apareceu apenas no século XX. Qual é o verdadeiro ou o melhor *Prelude*? Essa é uma questão para todos os leitores responderem a si mesmos, usando um texto duplo que reproduza as duas versões, uma ao lado da outra. Esse não é um passatempo para os tímidos.

Seja o que for que a escrita envolva além disso e sejam quais forem as diferenças existentes entre a tribo de escritores, a maioria concordaria com Orham Pamuk no sentido de que a ferramenta essencial do escritor é "o compromisso de ficar só em uma sala". Embora "Você escreve com caneta? No computador?" concorra com "De onde você tira suas ideias?" como a pergunta mais frequentemente feita aos escritores, tudo isso importa menos do que a solidão total da tarefa. Como tudo mais neste livro, exceto dançar, escrever é um ato solitário e traz prazer solitário. Se causa dor, também traz felicidade solitária ocasional. Escrever exige *Sitzfleisch*, a capacidade para sentar quieto, não se contorcer, começar, ou esperar até que o começo pareça possível. Alguns ouvem sua Musa; outros concordam com George Balanchine que, quando perguntado sobre a inspiração, respondeu: "Minha musa precisa vir a mim no horário do expediente." O grande coreógrafo sabia que o tempo passava e que ele precisava fazer seu trabalho de imaginação entre as 10 e a 1, entre as 3 e as 6. Um escritor não lida com sindicatos, mas ainda pode ouvir a carruagem alada do Tempo passando por perto em disparada. A maioria dos escritores é profissional. Alguns — os Flauberts, Wildes e E. A. Robinsons — revisam tão interminavelmente que não conseguem chegar à segunda frase até que a primeira esteja perfeita. Outros jorram, depois voltam, cortam, eliminam, reformatam. Escrever, como dizemos a nossos alunos, é reescrever; é sempre mais fácil quando você tem algo concreto à sua frente com o que trabalhar. A revisão é sinônimo de paciência. Horácio encorajava os poetas a guardar seu material por nove anos e depois voltar a ele e dar uma segunda olhada. Hoje em dia, alguém pode esperar tanto? Certamente não, basta você ler o que supostamente constitui "comentário", na maioria dos blogs, os quais são, em sua maior parte, gritos não examinados e não revisados no vazio do ciberespaço.

O melhor método é começar com um Big Bang, uma explosão de energia irrefletida, e depois gradualmente recolher e formatar tudo. No começo de seu poema em prosa "The New Spirit", John Ashbery articula o dilema de todo escritor: "Pensei que podia escrever tudo, que essa seria a única maneira. E, em seguida, veio-me a ideia de que deixar tudo de fora seria outra forma, mais verdadeira." Podemos repensar a imagem de Ashbery de muitas formas metafóricas: exalação e inalação, expansão e contração, expulsão e absorção. No doloroso "North Haven", um poema memorial para seu amigo Robert Lowell, Elizabeth Bishop considera as diferenças entre os ciclos da natureza, a linearidade da vida humana e a maneira do artista de preencher o espaço entre os dois: "A natureza se repete, ou quase;/repete, repete, repete; revisa, revisa, revisa." Uma vez morto, Lowell não mais revisará ou mudará; como o próprio criador, o trabalho está terminado. Bishop não poderia ter previsto a forma como os editores de Lowell ou os dela começariam o processo de revisão após as mortes dos poetas, saqueando bibliotecas, cartas e arquivos em busca dos primeiros rascunhos, manuscritos não terminados, pedaços de papel, provas de um processo criativo que os próprios poetas podem não ter desejado tornar público.

Todo escritor até mesmo com um grau modesto de autoconsciência pode sentir o que Harold Bloom intitulou de a angústia da influência, o sentimento de que os grandes mestres, mortos e vivos, estão bafejando em nossos cangotes, inspirando e inibindo em igual medida. A teoria possui o tom da verdade mesmo se você não apoia o modelo freudiano e edípico sobre o qual Bloom a baseia, a saber, que os escritores "fortes" são forçados a castrar, matar ou de outra forma simbolicamente destruir a figura paterna. O "efebo", ou jovem, deve absorver, reformar e revisar o trabalho de seu predecessor para poder abrir espaço para si. O alce jovem deve matar o velho. Como a natureza, os escritores podem ser competitivos e selvagens, seja a motivação da disputa imaginária ou real, prática ou meramente metafórica. W. J. Bate chamou o sentimento — menos ameaçadoramente — de "o fardo do passado". A inveja dos colegas agiganta-se: nenhum escritor é completamente não competitivo. "Não é suficiente ser bem-sucedido; os outros precisam fracassar", disse La Rochefoucauld, articulando uma verdade humana básica da qual poucas pessoas, e ainda menos os artistas, podem alguma vez se esquivar.

Porém, há vozes mais sábias e humildes. O falecido poeta americano William Stafford, escritor celebrado pela rapidez e abundância, encontrou certa vez com uma aluna que se queixou para ele de um bloqueio criativo; ela não conseguia editar as palavras corretamente, nem ficar satisfeita com algo que não fosse absolutamente correto. O conselho sábio de Stafford: "Abaixe seus padrões." Quem não arrisca não petisca. Mas então penso em Keats novamente: "Preferia fracassar a não ficar entre os grandes." As ambições são muitas. Para honrá-las, deve-se enfrentar o desafio, embora a imortalidade seja determinada apenas após estarmos todos mortos.

Para quem o escritor escreve? Seus contemporâneos? Uma plateia imaginária? Ele deseja ser um artista popular e ganhar dinheiro? Esse é um tipo de sucesso, embora não um presságio de imortalidade. Ele está escrevendo para as gerações, como sugere Bloom, para os Nobres Mortos, os grandes gigantes em cujos ombros ele se apoia e para a aprovação dos Velhos Mestres? Todo mundo dará uma resposta diferente para essa questão, até mesmo uma a cada hora do dia. Os escritores raramente ficam satisfeitos em escrever apenas para si próprios. Como uma forma de comunicação, escrever exige um comunicador, um objeto a ser comunicado e, finalmente, uma plateia para aquele objeto. Com quem você sonha quando escreve? Para quem você está falando? Quem é seu "você"?

Como um editor literário que aceita convites para dar palestras para alunos, estou acostumado a ouvir as angústias e preocupações de iniciantes de todas as idades. Apenas recentemente, entendi algo que separa a escrita das outras formas de esforço e expressão artísticos: a saber, o desejo, a obrigação fortemente sentida, de ser publicado. Deveríamos tentar promover, em vez disso, o fenômeno do "poeta dominical", a versão escrita da pintora dominical que pega suas telas num fim de semana à tarde, faz seus desenhos, esboços, aquarelas ou óleos, fica agradecida pelo prazer que obteve e depois volta para casa. Ou o pianista que acaricia as teclas em benefício próprio, cantando para si mesmo para abaixar sua pressão arterial. Ou os dançarinos que vão para o salão de dança de qualquer local — baile punk, clube campestre, salão de dança ocidental, tango milonga — pelo prazer de dançar. O escritor como amador? Por que não? Edna Ferber disse algo contundente sobre isso: "Apenas os amadores dizem que escrevem para se divertir. Escrever não é uma ocupação que diverte. É uma combinação de cavar fosso, escalar montanha, fazer esteira e dar à luz."

No entanto, Ferber era ambos, como dr. Johnson, uma profissional completa e, como Tennesee Williams, uma pessoa compelida a fazer o que fazia. Ela precisava publicar.

A publicação — jogar-se em campo aberto — é um fenômeno relativamente recente, não tem mais do que trezentos anos. Pope foi o primeiro grande escritor a montar um esquema de assinaturas; ele pediu às pessoas que apoiassem suas traduções de Homero com vendas e doações antes da publicação. A publicação comercial começou a sério no século XVIII, e o mundo nunca mais foi o mesmo. A proliferação recente dos trabalhos autopublicados, frequentemente por meio da internet, é uma expansão, assim como um retorno da velha tradição de distribuir poemas e outros manuscritos em um círculo de amigos. Esses círculos são agora quase infinitos. Seus "amigos" no MySpace podem incluir pessoas que de fato nem o conhecem nem jamais leram uma palavra que você colocou no ciberespaço.

James Merrill disse certa vez que apenas pensar sobre o preço exigido de se tornar ou desejar se tornar um escritor popular o desanimou da busca pelo sucesso — embora este o tenha encontrado. No fim de seu poema épico *The Changing Light of Sandover*, Merrill se imagina em pé lendo tudo que acabara de compor (mais de seiscentas páginas) diante de uma plateia de amigos e familiares, os nobres vivos e os nobres mortos, pessoas reais e outras que ele inventou ou convocou por meio do tabuleiro ouija ao longo de todo o seu épico. O poema termina voltando para suas linhas de abertura: "Reconhecidamente, erro." Merrill está fazendo uma homenagem a seu mestre, W. H. Auden, que em seu poema didático "New Year Letter", escrito em 1940 após ter acabado de chegar aos Estados Unidos vindo da Inglaterra, organiza uma apresentação diante de um "tribunal" formado por seus mestres. Julgamento e fama, louros e imortalidade: o escritor fica pronto, esperando por eles.

Escrever para os mestres significa ter uma visão de longo prazo e pensar sobre os corredores escuros da história. Esta também motiva os mais altos padrões. Sobre Auden, a história é bem-conhecida. Quando ele foi para a faculdade de Christ Church, em Oxford, teve como tutor o estudioso da era medieval Neville Coghill. No primeiro encontro deles, o professor experiente perguntou ao aluno sobre seus planos. "Quero estudar inglês porque pretendo ser poeta", disse o jovem Wystan. A resposta de Coghill, "Sim, claro, meu caro rapaz", ou algo parecido, provocou uma réplica ainda mais assertiva: "Sr. Coghill, o senhor não parece entender. Vou ser um grande poeta." Coghill prestou atenção. A ambição em jovens não é condição suficiente para alcançar a grandeza, mas ela é certamente necessária: Keats a tinha, como também Robert Lowell, o jovem T. S. Eliot, até mesmo a reticente Elizabeth Bishop, que sabia antes de todo mundo que tinha capacidade para isso. E quando você sabe que a tem, sabe que está escrevendo para a posteridade, não para o público imediato.

O próprio Auden acreditava que a razão para a maior parte das pessoas querer escrever tem menos a ver com a arte ou com a escrita em si do que com a vida e os métodos do artista, com o fato de eles serem donos do próprio nariz. Apenas alguns sortudos realmente são, mas, para o resto do mundo, a vida do artista parece mais maravilhosa e atraente do que a rotina maçante de ir diariamente para o trabalho e ficar olhando o relógio. Auden disse: "A ideia de ser dono do próprio nariz atrai a maioria dos seres humanos, e isso muitas vezes leva à esperança fantástica de que a capacidade para a criação artística é universal, algo que quase todo ser humano, em função não de algum talento especial, mas de sua humanidade, poderia fazer se tentasse." Muitos continuam tentando, sem se desencorajarem por cartas de rejeição ou por uma plateia reduzida a amigos e familiares. Assim como os pais, os professores encorajam rotineiramente os jovens a "se expressarem", e ninguém negaria a importância das artes para uma educação completa. Nenhuma das artes, no entanto, o torna uma pessoa melhor, e nada deveria promover a crença de que qualquer um tem interesse nos quadros, canções ou poemas de outras pessoas, assim como ninguém está interessado nas fotografias de viagem, nos cães ou nos filhos dos outros. As pessoas se envolvem na atividade para agradar a si mesmas, e se os outros desejam ouvi-los ou, por acaso, lê-los, tanto melhor. Tocar um instrumento o torna um ouvinte melhor da boa música; pintar o ajuda a apreciar os Velhos Mestres; e escrever deveria levá-lo a ser um leitor melhor. Isso é o máximo com que você devia contar.

Como muitos já observaram, os escritores parecem superar os leitores em número. Essa observação tem sua própria história. Em 1783, dr. Johnson disse: "É estranho que haja tão pouca leitura e tanta escrita no mundo. As pessoas, em geral, não estão dispostas a ler se elas podem ter qualquer outro divertimento." Escrever certamente as diverte. Cursos, diplomas e programas inteiros de escrita criativa estão prosperando. Frequentemente, eles proporcionam às faculdades uma fonte de renda fácil. Qualquer um pode se tornar um jornalista ou poeta. As conferências de escritores, cheias de competentes, esperançosos e enganadores em igual medida, permitem que as pessoas sentem-se aos pés do mestre, que o ouçam ler para elas e comentar seus trabalhos, mesmo se eles próprios tiverem pouco interesse em ler o trabalho do mestre. No entanto, há pelo menos duzentos anos, todo mundo reclama sobre a proliferação da escrita banal. O monstro cria mais cabeças, não importa o que fizermos para cortá-las. Apenas a história examinará a pilha acumulada de manuscritos e fará julgamentos. Considere Melville, morrendo na obscuridade com *Billy Budd* ainda por publicar, ou Emily Dickinson e Gerald Manley Hopkins, cuja vida poética é inteiramente póstuma, ou F. Scott Fitzgerald: *O Grande Gatsby* angariou boas críticas, mas sua primeira edição não foi toda vendida.

Entretanto, os escritores se agarram à esperança de serem reconhecidos e ganharem dinheiro, e os poucos que conseguem ambos — os que ganham prêmios e elogios dos críticos e também podem sustentar-se com o dinheiro recebido dos direitos autorais —, em geral, despertam a inveja e não a apreciação de seus rivais. Os escritores são inseguros e invejosos do sucesso alheio, talvez ainda mais do que os pintores, que precisam apenas de alguns donos de galerias ou benfeitores para assinarem cheques para eles. Shirley Hazzard disse que "a escrita criativa, sozinha entre as artes, parece ilusoriamente acessível a todas as pessoas articuladas [e] tem atraído desde sempre essa mistura de estima e inveja, centralizada na independência na qual é concebida e composta". E, pensando em seu amigo Graham Greene, que vendeu muitos livros, Hazzard se refere à indignação dos críticos e estetas que censuraram o escritor inspirador de milhões de leitores e que, "tendo lucrado com essa transação aparentemente inofensiva... abandonaram a alma imortal dele". Amaldiçoado se vencer o jogo, ignorado se o perder.

Os escritores — até o momento em que passam a se achar mais do que são — gostam da correspondência dos admiradores e frequentemente a respondem com prazer. Quando minhas duas sobrinhas gêmeas de dez anos me contaram que adoravam os romances para pré-adolescentes de Delia Ephron, sugeri que elas escrevessem uma carta para ela, encaminhando-a para a editora. Tímidas e descrentes a princípio, obedeceram e ficaram encantadas por receberem uma nota de agradecimento de sua autora favorita. Um dia, contei a meus alunos universitários que acabara de ler o maravilhoso primeiro livro de poemas de um desconhecido e que imediatamente escrevera uma carta a ela. "Deve-se sempre escrever cartas como fãs, sobretudo para poetas, porque eles não têm perspectiva de ganhar dinheiro e, mais importante, não têm a menor ideia se alguém no mundo está lendo ou reagindo a seu trabalho. Sua carta será uma tábua de salvação." Eles assentiram com indiferença. Uma semana mais tarde, retornei com uma carta da própria poetisa: "Prezado Willard Spiegelman", começava, "muito obrigada por suas palavras gentis, pelas quais agradeço profundamente. Como você pode imaginar, nós, poetas, não temos a menor ideia se alguém está lendo e respondendo ao nosso trabalho. Sua carta foi uma tábua de salvação. Ela me lembrou de que alguém faz isso. Atenciosamente etc." Como prova, mostrei a nota aos alunos.

Assim como a virtude, escrever deve, em última hipótese, ser a própria recompensa. Para sua realização, precisa-se de muito pouco em termos de bens materiais: um computador, ou apenas os bons e velhos papel e caneta. Até mesmo as bibliotecas são menos importantes do que se pensa, e não apenas devido ao acesso aberto, mais fácil e universal proporcionado pela internet. O erudito exilado Erich Auerbach escreveu *Mímesis: a representação da realidade na literatura ocidental*, um dos trabalhos monumentais da crítica literária do século XX, em Istambul, onde se refugiava dos nazistas, e sem qualquer de seus livros eruditos. Confiando apenas em textos primários (Homero, a Bíblia e outros) e em sua inteligência e imaginação, ele compôs uma obra-prima. A necessidade faz o sapo pular. A privação pode ser uma inspiração. Graham Greene escreveu um livreto sobre dramaturgos ingleses a bordo de um navio em um comboio durante a guerra, sem livros ou até mesmo luz para escrever. Um escritor deve simplesmente sentar e começar.

Às vezes, os exercícios ajudam. Assim como tocar escalas musicais ou fazer improvisações no teclado, desenhar em perspectiva, treinar arremessos para uma cesta em uma praça, começar uma sessão de ioga com respiração profunda, ou treinar o um-dois-três ascensão-e-queda do passo da valsa, um escritor também começa do início todas as vezes. Brincar com a linguagem, como disse no início, é como brincar de pintar com os dedos. Você faz uma lambança e vê o que surge, e isso com frequência assume vida própria, à medida que os personagens ou palavras ou pensamentos vão desviando para uma direção que seu dono talvez nunca tivesse previsto. Todo escritor tem alguma versão da ideia de que os personagens assumiram controle da história, ou um poema que começou como um soneto e decidiu que queria ser algo diferente. Scott Fitzgerald nunca ficou inteiramente satisfeito com Jay Gatsby. Ele disse: "Nunca, em qualquer momento, o vi de forma clara, pois ele começou como um homem que eu conhecia e depois se transformou em mim." A mente tem uma vontade própria que não conseguimos necessariamente controlar. O mesmo acontece com o início de um trabalho de arte, que se afasta de nós justo quando tentamos controlá-lo e formatá-lo. Ele pode ter outras ideias e intenções. Escrever significa atingir um equilíbrio entre a vontade própria e os acidentes de percurso.

Um dos primeiros poemas de James Merrill, "The Doodler", fornece um vislumbre da vida inconsciente de qualquer artista. Examinando as pequenas formas aleatórias que rabisca enquanto conversa distraidamente com amigos ao telefone, Merrill comenta sobre o que faz e não faz, pode e não pode fazer, em parte por escolha ou talento, em parte por compensação pelos fracassos em sua vida:

Narizes, por enquanto, retornam ao perfil.
Lábios, também, se franzem nesta ou naquela direção,
Ou se esticam para outros lábios por pura distração;
Para os meus, nem uma vez. Enquanto ainda, assim como em
[Deauville

Fora da estação, mãos minúsculas são mais bem-escondidas
Por grandes agasalhos, feitos de porcos-espinhos albinos.
Sem dúvida, nada que faço é de todo bom
Exceto determinadas formas abstratas. Estas surgem
[espontâneas:

Estrelas, paralelogramos ligados, ou um tema barroco
Expresso tão vigorosamente que marca
Um horizonte vazio gerações mais tarde
Com sinais e pressões, acumulando para aliviar

Como nuvens carregadas um dia...

O que são essas imagens se não uma metáfora para o ato criativo, com rabiscos aleatórios representando os poemas do poeta ainda jovem e que se menospreza? O poema lírico improvisado de Merrill aparentemente celebra a facilidade de rabiscar, o equivalente da escrita automática.

Os quinze rascunhos do poema, no entanto, mostram o esforço necessário para dar a essa informalidade um formato final. É preciso esforço para atingir a aparente facilidade. Dr. Johnson: "O que é escrito sem esforço é lido sem prazer." Ou seja: "Fácil de ler" significa "difícil de escrever". O que é fácil de escrever, em geral, tende a ser uma leitura inútil. O exame de rascunhos e revisões é a maneira mais segura de demonstrar o ardor e os mistérios da arte de escrever. Agora que quase todo mundo compõe no teclado, corremos o risco de perder as etapas do ato criativo, embora muitos escritores experientes já usem a função "Controlar alterações" para preservar a prova de sua criatividade para uma posteridade que, esperam, estará interessada nela.

Nada disso, entretanto, explica por que qualquer escritor continua a fazer o que faz. Penso outra vez em Auden, que, quando abordado por jovens que lhe diziam desejarem se tornar escritores, perguntava por quê. Se eles respondessem "Quero me expressar", ele meneava a cabeça compreensiva e tristemente. Se, ao contrário, dissessem algo como "Ah, gosto de mexer com palavras: gosto de fazer jogos com palavras e de palavras cruzadas; gosto de anagramas", ele sorria e lhes dava sua bênção. Ainda somos todos crianças na sala de brinquedos com nossas pinturas de dedos, embora nesse caso, nossos dedos estejam trabalhando, mais higienicamente, com a linguagem escrita. Edgar Degas disse a seu amigo Stephane Mallarmé que queria escrever poemas porque tinha muitas ideias martelando sua cabeça. Ao que o sábio Mallarmé respondeu: "Um poema, meu caro Degas, é escrito não com grandes idéias, mas com palavras."

Uma vez, escrevi um poema (ver Capítulo 3). Ele começou com um instante iluminado de inspiração: olhar para uma pintura me lembrou de uma frase de Shakespeare. Isso foi fácil. Olhei mais atentamente a pintura, tentando entendê-la. Mais palavras surgiram, e elas vieram em pentâmetros iâmbicos. John Hollander disse uma vez que o verso livre (sem métrica) é fácil de escrever se você não sabe como. O *blank verse* (verso não rimado) — o ritmo padrão de Shakespeare e Milton —

também é fácil, mas por uma razão diferente: está incrustado no ouvido musical de alguém que leu e absorveu muita poesia inglesa dos últimos seis séculos. Shaw costumava mostrar desprezo pelo pentâmetro de Shakespeare, dizendo maldosamente que qualquer imbecil conseguiria improvisar um verso não rimado, e depois se dispôs a fazer isso também. Para Shaw, eram os trechos da prosa de Shakespeare, não os dos poemas, que mostravam seu gênio. Descobri que, uma vez dominado o ritmo ("da-Dum, da-Dum, da-Dum, da-Dum, da-Dum"), começa-se a pensar em versos. O resultado estava longe de ser perfeito e, certamente, exigia mais atenção, mas inicialmente o padrão me libertou ao invés de confinar.

Era outra vez, escrevi um conto. Como em meu primeiro poema, tudo se originou em uma frase de abertura — "Eram os nomes que tinham" — que me ocorreu quando, em um dia cinzento de fevereiro, de um escritório frio na Nova Inglaterra, eu observava uma paisagem invernal e pensava em minhas tias e tios, nos primos de meus pais, na geração nascida entre 1912 e 1930. A história que surgiu — um esforço bizarro em um estilo que não era o meu — foi breve, experimental, distintamente desprovida de uma base narrativa e, de certa forma, sonhadora. Não foi realmente uma história, apenas uma série de cenas infantis reconstruídas e revisadas com um vago olhar retrospectivo que, na realidade, não lançava luz alguma em nada importante. Um esforço inofensivo, que foi despejado no mundo e aceito por uma publicação trimestral literária. A carta de aceitação chegou quando eu estava perto das caixas de correio dos professores, conversando com um aluno. "O que é isso?", ele perguntou. "Meu primeiro conto acaba de ser aceito", respondi. "Ótimo. Você vai escrever outro?" "Não, acho que não. Acho que um é mais do que suficiente." Tinha de provar, supunha, algo para mim mesmo ao escrever um conto, mas não sentia a necessária determinação para continuar escrevendo. Por que escrever ficção quando a realidade tem tanto a oferecer? Como em meus primeiros relatos jornalísticos da Revolução Americana, compostos na cama sob condições de semi-invalidez, preferi focar os olhos no mundo ao meu redor.

Por que escrevo? Em primeiro lugar, é algo que posso fazer com um mínimo de esforço. A facilidade conta muito. Frequentemente, a pessoa confiante toma o caminho que exerce uma resistência menor. Por que fazer algo que vai contra a natureza, que me faz suar, que causa dor? Não é natural procurar o prazer por meios fáceis? Yeats escreveu sobre "a fascinação pelo que é difícil", e qualquer um que não seja totalmente preguiçoso gosta de um bom desafio de vez em quando, mas não um muito difícil. Quando jovem, a escritora de ficção Jean Stafford trabalhou um verão num rancho no Colorado. Um dos peões lhe perguntou o que ela queria fazer quando terminasse a faculdade e crescesse. Ela disse que seria escritora. "Esse é um bom trabalho, Jean", ele respondeu. "Você pode fazê-lo na sombra."

Por que mais escrevo? Por dinheiro, foco e prazer. (Por que danço? Certamente não por dinheiro.) Há mais de duas décadas, escrevo artigos jornalísticos ocasionais para a página de "Lazer e Artes" do *The Wall Street Journal*. Alguns anos atrás, meu pai me perguntou: "Desde quando você se tornou um especialista em escultura de terracota da Renascença?" Ao que respondi na mesma hora: "Desde que o *The Wall Street Journal* me ofereceu dinheiro para eu me tornar um." Para que serve, pergunto a meus alunos, uma porção de diplomas vistosos nas ciências humanas se você não consegue se tornar um especialista em praticamente qualquer atividade com algumas horas de trabalho e mantendo olhos, ouvidos e mente abertos?

Em uma época em que a educação pré-profissionalizante está em ascensão, as antiquadas artes da leitura e da escrita, que não possuem propósito prático imediato, têm muito valor ainda. Dê-nos mais inutilidade e nos tornaremos adultos melhores. Como diletantes, descobriremos a utilidade *ex post facto*.

Por outro lado, qualquer professor universitário que escreva seriamente sobre a literatura pode confirmar o lado negativo da impraticabilidade, quando escreve para uma plateia limitada e mesmo inexistente e não é pago para fazê-lo. Na melhor das hipóteses, sua plateia é reduzida; seu pagamento, se é que existe, ainda menor. Faz-se isso por amor e porque o empregador exige. Muitos anos atrás, a receita federal me convocou para uma auditoria em minha declaração. Antes da reunião matinal, passei uma noite sem dormir antevendo funcionários austeros que me prenderiam com correntes de ferro no escritório e me enviariam para a cadeia, para junto de pessoas como Leona Helmsley. "Descoberto finalmente", pensei, já imaginando minhas despedidas antes de me encaminhar ao calabouço. Para meu interrogatório, calculei que um traje acadêmico de *tweed* me cairia bem, e cheguei parecendo um professor concebido em um estúdio de cinema, que, na verdade, é o que sou. Fiquei esperando na recepção, suando e hiperventilando. Senti-me como uma criança na escola que fora chamada à sala do diretor.

Após ser encaminhado a uma pequena cela burocrática, tive um encontro instrutivo com a monstra sisuda, mas educada, que dava uma olhada em meus registros aleatórios, minha caixa de sapatos cheia de recibos parcos de despesas "relacionadas ao trabalho". Ela estava apenas cumprindo seu dever, tentando coletar os fatos necessários. Eu era estritamente um peixinho miúdo e sabia que não havia o que o governo pudesse tirar de mim que causasse qualquer impacto na dívida nacional. No entanto, me preocupei. Uma gráfica universitária acabara de publicar meu primeiro livro erudito.

— Você alega que essas viagens e outras despesas estão relacionadas à produção de seu livro — a mulher observou, vasculhando os pedaços de papel e olhando para mim cética por cima dos óculos de leitura —, mas não vejo qualquer adiantamento para ele.

— As gráficas universitárias não fazem adiantamentos — respondi.

— E você não registrou quaisquer direitos autorais — ela observou.

— E não ganharei qualquer direito autoral por isso. O livro tem uma edição limitada e somente as bibliotecas universitárias o comprarão.

— Você está me dizendo que escreveu um livro sem pagamento adiantado e nenhuma chance de receber direitos autorais? Você diz que isso é um negócio, mas não há troca de dinheiro?

Ela nunca vira ou ouvira história igual. Quem, pensei, era o ingênuo nessa troca? Escrevera um livro para várias centenas de especialistas no mundo inteiro que teriam interesse em meu tema. Fiz isso por prazer, pela verdade e beleza, não por dinheiro. Minha universidade me dera um tapinha nas costas em reconhecimento. Ninguém me pagou, embora eu supusesse que meu orgulhoso reitor tivesse incrementado meu aumento anual em um décimo de um por cento, mais ou menos. Escrevera sobre o que sabia. Anos de estudo acadêmico me prepararam para isso. Don Marquis observou certa vez que escrever um livro de poesia e esperar pelas críticas é como jogar pétalas de rosas no Grand Canyon e depois esperar ouvir o eco. É uma triste verdade que se aplica a quase todos nós.

Felizmente, a inquisição do imposto de renda não me prendeu naquela manhã de outubro. Deixei o prédio sentindo-me mais leve e também com a antiga questão existencial ressoando em meus ouvidos: Por que você está fazendo isso?

Para um escritor, trabalhar em algo que *não* conhece muito bem tem a vantagem de não sobrecarregá-lo com os perigos da especialização. Esse é o equivalente, para o escritor, da decisão do professor de dar um curso novo, em vez de repassar aos alunos materiais que ele estuda por décadas. Há prazer em começar no escuro e atingir algum grau de luz, em vez de direcionar uma lanterna de feixe estreito para um assunto e obliterar o objeto e cegar a plateia. As pessoas cheias de vida gostam de aprender — e experimentar — algo novo. E fazer algo novo aumenta essa alegria de viver.

O dinheiro, claro, é um grande incentivo para se fazer quase tudo. Mas assim também é o desafio — não apenas a facilidade — de focar a mente. O que provoca a necessidade de escrever em pentâmetros iâmbicos, também se aplica aos limites definidores do jornalismo. Se meu editor diz que quer mil palavras, é isso o que devo entregar. Há alguma margem de erro, mas não muita. Dr. Johnson disse que "a perspectiva de enforcamento concentra a mente maravilhosamente", e o mesmo ocorre com uma ordem do editor. A inspiração e a liberdade surgem da coação e da pressão. É melhor que eu saiba exatamente o que desejo escrever sobre meu tema e também quais adjetivos são dispensáveis ou necessários.

A repetição — também conhecida como hábito — é outro incentivo. Penso em Cézanne voltando à mesma paisagem de Mont Sainte-Victoire, em Giorgio Morandi e suas garrafas, na fotógrafa Ruth Orkin e vista de sua varanda para o Central Park. Toda aventura, disse Eliot, é um novo começo, "uma incursão no inarticulado", mesmo ou sobretudo quando invadimos território que parece igual, mas claro que não é. Todo dia é um novo dia, toda caminhada pelo mesmo terreno é uma nova caminhada.

Toda atividade que discuti neste livro exige tempo, foco e prática. No entanto, todas elas também o encorajam a ter determinado grau de inconsciência. Você pode ouvir música, devanear e depois adormecer. Você pode caminhar por aí atordoado, sem perceber o que vê e, em seguida, esbarrar numa árvore. Ouvir não é o mesmo que escutar, nem ver é olhar. Você pode ler um trecho denso de Melville, Proust ou Faulkner e perceber, ao fim de um capítulo ou mesmo uma página, que não lembra o que acabou de ler. Mas, quando escreve, mesmo quando rabisca palavras, fazendo livre associação e (como agora dizemos no negócio da educação) *brainstorming*, você registra pensamentos aleatórios e depois volta a eles, aqueles gestos incipientes, substantivos sem adjetivos ou verbos sem sujeitos, e começa a desenhar linhas, a preencher espaços vazios, a fazer conexões. Você vê padrões e, quando os vê, eles mudam sob seus olhos vigilantes e dedos meticulosos. "Como posso saber o que penso até ver o que digo?": a questão retórica de Forster em 1926 foi escolhida e citada por Auden, entre outros, e foi tão amplamente disseminada que muitas pessoas acham que foram elas que disseram isso pela primeira vez. Pensar vem antes de escrever, mas também o acompanha. E depois, no processo de revisão — composto de parcelas iguais de dor e excitação —, o sucede. Você trabalha até ceder ou desistir e depois para. Paul Valéry observou corretamente que um poema nunca está terminado; ele é simplesmente abandonado. Aqui, o pintor leva vantagem sobre o escritor: em um determinado ponto, ele diz "chega" e considera encerrada a tarefa, aplica sua assinatura e depois vai ao *vernissage*.

Fini. Hora de encerrar o expediente. Mas escrever pode continuar indefinidamente, como *Folhas da relva*, nunca terminada até o término de seu autor.

Qualquer escritor conhece muitos tipos de frustração. Aquele oriundo da insatisfação pessoal, a hora ou dia mal-gasto com nada que o justifique. O tipo que vem de pensar se alguém se preocupará com o que escreveu, na verdade se até lerá o que escreveu. Aquele originado pela pura e simples inveja do sucesso dos outros que ele considera inferiores ou iguais, e a mais debilitante, a inveja que é provocada pelas realizações heroicas dos que são superiores. Graham Greene disse, após ler *Guerra e Paz:* "Para que escrever novamente — uma vez que isso foi feito. O livro era como alguma grande árvore, sempre em movimento, sempre se renovando." Em seu manual *Para ler como um escritor*, Francine Prose começa com sua versão do programa de autoajuda dos 12 passos dos Alcoólicos Anônimos. Ela nos alerta e diz que devemos primeiro reconhecer a existência de um ser mais elevado, Shakespeare, por exemplo. Depois, escrevemos.

E então surge o prazer, após as decepções, largadas queimadas e viradas erradas, começos sem fim, superfluidades, finais que não trazem a satisfação do fechamento genuíno. Talvez dois minutos por dia. Talvez mais. Esses minutos compensam as horas mal-administradas e as páginas largadas no chão da sala de edição, os rascunhos descartados, os começos apagados. Por definição, o trabalho criativo não é eficiente. Devemos aceitar nossas largadas queimadas e os cestos de lixo cheios como as condições para nossos humildes sucessos. Os escritores são crianças em uma caixa de areia. Mudamos objetos de lugar, fazemos lambanças e depois limpamos tudo. Acrescentamos e, em seguida, subtraímos. Circulamos, como se prestássemos atenção ao adágio de Stevens de que simplesmente andar em círculos é bom. Giramos nossas rodas em falso. E depois paramos.

Com frequência, os resultados da dor de escrever envolvem um autorreconhecimento e uma sensibilidade das formas nas quais se trabalhou. De vez em quando, sente-se "alcançar o domínio da coisa" (Hopkins), a excitação de "acertar algo na linguagem" (Nemerov), de descobrir uma exatidão matemática momentânea, uma combinação verbal deslumbrante. A satisfação do autor surge não de fora, mas de dentro. Ao escrever sobre dançar, utilizei tanto a frase de T. S. Eliot — "Você é a música enquanto ela existe" — quanto o epitáfio de Willa Cather sobre felicidade: "Ser dissolvida em algo pleno e grandioso". Ao escrever sobre escrever, eu os adotarei novamente. Você se compromete com a concentração total, mas também desiste de si mesmo no processo. Ao fazê-lo, se encontra, muito embora não tenha certeza sobre quem seja aquela pessoa. Fitzgerald disse que toda boa escrita implica "nadar submerso e prender a respiração". As correntezas são rápidas e você pode, ao se submeter ao elemento destrutivo, arriscar a própria segurança. Mas então você vem à tona para pegar ar. Enxergou as profundezas. Está pronto para começar de novo.

Francis Bacon observou com precisão epigramática em seu ensaio "On Studies": "A leitura torna um homem completo; o debate, um homem pronto; e a escrita, um homem exato." Tentei absorver essa lição e transformá-la na pedra angular de minha vida docente. Cito-a sempre que confrontado com teóricos pretensiosos e especialistas da educação nos círculos acadêmicos. O que acontece na sala de aula? Primeiro, lemos alguns textos, depois, falamos sobre eles, e, em seguida, escrevemos sobre eles. Ler nos preenche, a discussão nos prepara e a escrita, o fruto de nossos trabalhos, exige de nós um determinado trabalho árduo, mas depois nos torna — pense nos sinônimos apropriados para "exato" — precisos, fiéis, meticulosos, organizados, completos.

Isso está certo, totalmente certo. Ou quase, pelo menos metaforicamente, certo. Para a pessoa confiante, na maior parte das vezes, "quase" é o bastante.

Este livro foi composto na tipologia Bell MT,
em corpo 11/14,8, impresso em papel offwhite 80g/m²
no Sistema Cameron da Divisão Gráfica
da Distribuidora Record.